W0405046

sommaire

préface

J'ai rencontré Élisabeth lors du tournage de l'émission MasterChef. Dès les premières épreuves, elle a su se faire remarquer par son travail, son sens de l'organisation, sa créativité et sa discrétion, qui sont des valeurs sûres dans notre métier.

Elle connaissait les bases de la cuisine en arrivant, il ne lui restait plus qu'à faire éclore sa personnalité.

Élisabeth a écouté, appris et appliqué les conseils que nous lui avons transmis.

Sa progression fut telle qu'elle devint souvent leader dans les épreuves personnelles ainsi que dans les épreuves par équipe.

Toutes ces qualités lui ont permis d'arriver en finale, ce qui l'a menée à la victoire pour devenir ainsi « MasterChef 2011 ».

Aujourd'hui, Élisabeth fait une cuisine personnelle et raffinée, et se passionne de plus en plus pour la pâtisserie afin de concrétiser son projet et d'ouvrir sa boutique de macarons.

Frédéric Anton

Si j'étais une saveur	Acidulée
Si j'étais une épice	Le gingembre
Si j'étais une herbe	La coriandre
Si j'étais un ingrédient	Du chocolat noir
Si j'étais un légume	Une tomate cœur de bœuf
Si j'étais un fruit	Un citron caviar, car c'est surprenant !
Si j'étais une boisson	Un thé noir aromatisé
Si j'étais un plat	Des ravioles de langoustines au bouillon thaï épicé
Si j'étais une pâtisserie	Un macaron
Si j'étais un ustensile	Une mandoline, parce que j'aime les choses fines et régulières
Si j'étais un pays	La France
Si j'étais un personnage célèbre	À mi chemin entre Marie Curie et Simone Veil
Si j'étais un animal	Un singe, pour ses blagues !
Si j'étais un végétal	Une violette
Si j'étais une saison	Le printemps
Si j'étais une couleur	Le rose pivoine
Si j'étais un genre musical	Le pop rock
Si j'étais un objet	Un stylo plume
Si j'étais un des quatre éléments	La terre
Si j'étais un grand chef	Une femme, c'est certain ! Anne-Sophie Pic pour sa personnalité et son parcours
Et les maîtres incontestés	Paul Bocuse et Joël Robuchon pour la cuisine, Pierre Hermé, Christophe Michalak et Christophe Felder pour la pâtisserie

Depuis quand cuisinez-vous ?

Aussi loin que je m'en rappelle, j'ai toujours cuisiné. Ma maman m'avait offert un batteur manuel avec une manivelle pour que je puisse faire des gâteaux sans avoir à utiliser d'appareil électrique.

Comment vous est venu le goût pour la cuisine ?

J'ai grandi dans une famille où la cuisine et les repas avaient une grande importance. Tous les dimanches midi, nous étions tous ensemble à table. Ça ne pouvait être autrement.

Et puis mes grands-parents ont un immense potager dans lequel j'ai passé toutes les vacances de mon enfance avec mes frères et ma cousine. On ramassait les pommes de terre et les haricots verts, on grimpait dans les arbres pour cueillir les mirabelles, on jouait à la marchande avec une courgette de 2 kg (on appelait ça « jouer à la Torrine », du prénom de l'épicière du village !).

Je me rappelle que mon papi me portait pour que je puisse soulever les couvercles des vieilles cocottes en fonte dans sa cuisine et voir ce qu'il avait préparé.

Adolescente, je préparais les déjeuners à la maison pour mes frères, puisque mes parents travaillaient tous les deux. Nous avions interdiction d'aller à la cantine ! Ensuite, lorsque j'ai pris mon indépendance, j'ai vraiment commencé à cuisiner quotidiennement. Pour moi, puis pour mes amis qui venaient régulièrement à la maison. J'ai acheté des livres de recettes, surfé sur les blogs culinaires, regardé les émissions de télé...

Quel type de cuisine aimez-vous ?

J'aime toutes les cuisines ! Française, bien sûr, mais j'adore aussi les cuisines thaïe, italienne ou indienne. J'aime les plats parfumés, les épices.

J'aime la cuisine qui met en avant le produit, sans le dissimuler. Une cuisson juste, un bel assaisonnement, des herbes fraîches, un accompagnement léger et le tout avec une présentation chic et épurée.

Quels sont vos plats préférés ?

Je suis une véritable épicurienne ! Je prends autant de plaisir à manger le pot-au-feu de ma maman, que les pommes de terre farcies de mon papi ou encore du homard au yuzu dans un restaurant étoilé !

Je crois que c'est également une question d'ambiance. En Alsace, on se retrouve entre amis dans les fêtes de village pour manger des tartes flambées cuites au feu de bois : pas d'assiette, pas de couverts, et c'est absolument génial !

Pour qui cuisinez-vous ?

Je cuisine d'abord pour mes filles et mon conjoint. Tous les jours ! Ensuite, pour mes amis, qui viennent passer les samedis soirs à la maison (très souvent). Et maintenant, j'ai la chance de pouvoir cuisiner pour des « clients » ! Soit lorsque je suis chef à domicile, soit lorsque je prends les commandes d'un restaurant, pour une soirée ou une semaine. Et bientôt j'espère que je cuisinerai dans mon propre établissement !

Apprenez-vous à cuisiner à vos enfants ou du moins à votre fille aînée ? Essayez-vous de leur transmettre votre passion ?

Je ne veux pas obliger ma fille à avoir la même passion que la mienne. Jeanne est passionnée d'équitation. Mais elle adore rester à mes côtés en cuisine. Elle m'observe, me questionne et participe. Je crois que je lui transmets mes connaissances sans même m'en rendre compte. Et si je réfléchis, je pense que c'est de cette manière que ma maman m'a appris beaucoup de choses en cuisine.

Quant à ma petite Louise, je lui fais goûter tout ce que je prépare. Elle est à côté de moi et je lui donne des petits morceaux. J'adore voir sa réaction !

Quelle serait votre cuisine idéale ?

Ma cuisine idéale serait une cuisine simple et chic qui changerait tous les jours, des produits de saison travaillés simplement pour les mettre en avant. Beaucoup d'herbes fraîches, des sauces légères, avec une présentation raffinée dans de la belle porcelaine blanche. Pas de « bling-bling », juste du bon et beau. Et pour finir… des macarons, bien sûr !

mes petits conseils

La cuisine, surtout lorsqu'on travaille, ce n'est pas forcément sorcier, mais cela requiert un minimum d'organisation pour se faciliter la tâche. Voici quelques conseils qui vous permettront de cuisiner en toute sérénité… et sans gaspillage !

côté courses

- Faites une liste des repas que vous avez envie de préparer pour la semaine, puis faites la liste des courses qui en découlent.
- Une fois par mois, faites le bilan des stocks du congélateur et de l'épicerie, et recherchez des recettes qui permettront de les utiliser. Ceci afin d'éviter que les ingrédients ne se périment…
- Plutôt que de les jeter sans même leur accorder un regard, lisez les publicités qui sont glissées dans votre boîte aux lettres et faites la liste de vos courses en fonction des bonnes affaires qui se présentent.
- Préparez vos plats en grande quantité et congelez le surplus dans des barquettes en aluminium.
- Préparez des plats dont les restes s'accommodent. Par exemple, les restes de rôti serviront à la préparation de nems, le pot-au-feu se transformera en hachis parmentier, etc.
- Si, comme moi, vous êtes attentif à consommer des produits sains, lisez toujours les étiquettes de ceux que vous achetez afin de privilégier les plus naturels, c'est-à-dire sans colorant, conservateur, etc.
- Vérifiez systématiquement les dates de péremption. Les rayons sont toujours rangés de manière que les produits les plus anciens soient placés à l'avant du rayon. Choisissez donc les produits stockés au fond (c'est surtout valable pour les produits laitiers). Vous gagnerez certainement une semaine de conservation supplémentaire.
- Comme je suis très (trop ?) organisée, je positionne toujours mes achats sur le tapis roulant de la caisse de la façon suivante : les produits allant au frigo et congélateur en premier et ensemble, les produits d'épicerie ensuite, les fruits et légumes à part pour ne pas qu'ils soient écrasés ni abîmés et enfin les produits d'entretien. Cela me permet de gagner du temps lorsque j'arrive à la maison pour ranger les courses et surtout de rentrer en priorité les produits se conservant au réfrigérateur. Le reste pouvant patienter tranquillement dans le coffre de ma voiture jusqu'au retour de mon cher et tendre qui, lui, portera les paquets les plus lourds !

côté cuisine

- Si vous avez prévu d'organiser un repas qui vous demandera du temps, je vous conseille de faire un planning de toutes les étapes de vos recettes afin de voir ce qu'il est possible de réaliser à l'avance.
- Ensuite, faites un rétroplanning et commencez vos préparations dès que vous avez un peu de temps. Par exemple, vous pouvez éplucher et couper des légumes que vous conserverez dans une boîte hermétique au réfrigérateur jusqu'à leur utilisation. C'est ce que l'on appelle en cuisine « la mise en place ».
- Les recettes avec marinades peuvent également être préparées la veille.
- Veillez à ne pas avoir plusieurs préparations différentes dans votre four au même moment.
- Si, comme moi, vous estimez manquer toujours de temps, je vous conseille vivement d'utiliser un autocuiseur. Il réduira considérablement le temps de cuisson et vous rendra grandement service. Les fours programmables sont également une aide précieuse.

côté réserves

Voici une liste non limitative – vous avez sans doute vos propres basiques – des ingrédients que je vous recommande d'avoir toujours à portée de main en quantité suffisante.

DANS LE PLACARD

Sel
Fleur de sel
Poivre
Curry
Safran
Piment d'Espelette
Bouillons de volaille, de poule, thaï, etc.
Ail, oignons, échalotes
Vinaigre balsamique
Vinaigre de vin (aromatisé ou non)
Huile d'olive
Huile neutre
Huile de sésame
Vin blanc sec
Lait de coco
Tomates confites
Chapelure
Riz à risotto
Plaques de lasagnes
Sauce tomate
Concentré de tomates
Pain d'épices et/ou pain de mie
Poudre d'amandes
Pignons, cacahuètes, pistaches, etc.
Chocolat à pâtisserie
Boîtes de fruits au sirop
Farine
Maïzena®
Sucre en poudre
Sucre vanillé
Levure chimique

DANS LE RÉFRIGÉRATEUR ET LE CONGÉLATEUR

Herbes surgelées : basilic, coriandre, ciboulette, échalotes, menthe, gingembre, etc.
Sauce soja
Briques de crème liquide
Œufs
Parmesan
Bouteille de jus de citron jaune et vert
Pâte à tarte prête à l'emploi
Moutarde à l'ancienne

Mes

copains

s'invitent.

Vite,

un apéro

chic !

Voici une petite recette toute simple, pour habiller nos jolies tomates cerises à l'heure de l'apéritif. La tomate juteuse éclate sous la couche de caramel croquant parfumé au basilic.

sucettes de tomates cerises au caramel de basilic

POUR 12 SUCETTES

Préparation 20 minutes
Cuisson 15 minutes

12 tomates cerises
10 feuilles de basilic
80 g de sucre en poudre
15 cl d'eau

- Lavez les tomates cerises et essuyez-les minutieusement. Piquez-les sur des cure-dents en bois ou en bambou (pas en plastique car ils risqueraient de fondre).
- Recouvrez une plaque de papier sulfurisé ou siliconé.
- Dans une casserole, mettez l'eau, le sucre et les feuilles de basilic. Portez ce mélange à ébullition 2 minutes puis laissez-le refroidir. Filtrez-le.
- Remettez le sirop à chauffer jusqu'à obtenir un caramel blond. Laissez la casserole sur feu doux afin que le caramel ne se fige pas trop vite et que vous ayez le temps de réaliser vos sucettes.
- Trempez les tomates cerises dans le caramel et déposez-les sur la plaque recouverte de papier sulfurisé. Servez.

astuce

Vous pouvez également tremper les tomates dans des graines de sésame après les avoir caramélisées, ou encore piquer une boule de mozzarella sur le cure-dent avant la tomate.

Ce *ceviche* de poisson est cuit dans le jus de citron vert.

La douceur du guacamole, l'acidité des agrumes et le sucré de la mangue forment une recette douce et punchy comme je les aime.

verrines de colin au citron vert, cébettes et pamplemousse

POUR 4 PERSONNES

Préparation 30 minutes
Réfrigération 1 heure

300 g de colin
1 pamplemousse rose
2 citrons verts non traités
1 mangue
2 tiges de cébettes
1 brin d'aneth

POUR LE GUACAMOLE
1 avocat
1 citron jaune
1 cuill. à café de Tabasco®
sel et poivre blanc

- Levez les suprêmes de pamplemousse et coupez-les en trois. Coupez la mangue en petits dés et émincez finement les tiges de cébettes et d'aneth. Prélevez le zeste d'un citron vert non traité et le jus des 2 citrons verts.
- Coupez le colin en cubes de 2 centimètres de côté. Dans un petit saladier, mélangez le jus et le zeste de citron vert, les cébettes et l'aneth ciselés. Ajoutez-y les dés de poisson. Couvrez de film alimentaire et laissez mariner au réfrigérateur pendant 1 heure minimum.
- Préparez le guacamole : pressez le jus du citron jaune. Épluchez l'avocat, coupez-le en gros dés et mixez-le avec le jus du citron jaune, le sel, le poivre et le Tabasco®.
- Sortez la marinade du réfrigérateur et incorporez-y les morceaux de pamplemousse et de mangue.
- Montez les verrines en déposant dans le fond le guacamole, puis le mélange colin–pamplemousse–mangue.
- Réservez au frais jusqu'à dégustation.

Une recette simple, fraîche et colorée !

Ma petite touche en plus : le raifort ajouté au fromage de chèvre.

Il apporte du peps à cette entrée très fraîche.

mille-feuilles de betteraves rouges et de chèvre frais

POUR 6 PERSONNES

Préparation 15 minutes
Réfrigération 2 heures
Cuisson 2 minutes

2 betteraves cuites
2 cuill. à soupe de ciboulette ciselée
2 cuill. à soupe de menthe ciselée
200 g de chèvre frais
½ cuill. à café de raifort
50 g de noisettes entières
2 cuill. à soupe de vinaigre balsamique blanc
3 cuill. à soupe d'huile de noisette (ou de noix)
fleur de sel et poivre du moulin

- Concassez grossièrement les noisettes et faites les torréfier dans une poêle chaude sans matière grasse pendant 2 minutes.
- Préparez la vinaigrette : mélangez dans un bol le vinaigre balsamique blanc, le sel, le poivre et l'huile de noisette.
- Dans une assiette creuse, écrasez à la fourchette le fromage de chèvre. Ajoutez le raifort, la menthe et la ciboulette. Salez et poivrez.
- À l'aide d'une mandoline, tranchez finement (3-4 millimètres) les betteraves. Montez les mille-feuilles en superposant les tranches de betteraves et le fromage frais. Répétez cette étape 3 fois. Réservez au réfrigérateur 2 heures minimum.
- Avec un emporte-pièce rond, coupez les mille-feuilles afin d'obtenir un cylindre parfait.
- Déposez dans les assiettes, arrosez de vinaigrette et parsemez de fleur de sel, d'un tour de moulin à poivre et de noisettes concassées.

Cette petite recette est ultra rapide et ultra pratique ! Préparez-la à l'avance et laissez mariner les crevettes jusqu'à l'arrivée de vos invités. Au dernier moment, faites-les sauter dans une poêle bien chaude.

cuillères de crevettes à l'ail

POUR 6 CUILLÈRES

Préparation 20 minutes
Réfrigération 30 minutes
Cuisson 10 minutes

18 crevettes roses
2 gousses d'ail
1 bouquet de persil
2 cuill. à soupe de chapelure
3 cuill. à soupe d'huile d'olive
+ un peu pour la cuisson
sel et poivre blanc

- Décortiquez les crevettes. Hachez l'ail et ciselez très finement le persil.
- Dans un petit saladier, mélangez l'huile d'olive, l'ail, le persil, le sel et le poivre. Ajoutez les crevettes et mélangez afin de bien répartir la marinade. Couvrez de film alimentaire et laissez mariner au réfrigérateur au moins 30 minutes.
- Au moment de la cuisson, sortez les crevettes du réfrigérateur et saupoudrez-les de chapelure. Mélangez délicatement.
- Faites chauffer une poêle à feu vif avec un trait d'huile d'olive et faites saisir les crevettes jusqu'à ce qu'elles aient une jolie couleur dorée.
- Déposez 3 crevettes par cuillère et servez.

astuce

Vous pouvez faire cette recette sans chapelure. Dans ce cas, faites cuire les crevettes 10 minutes au four à 200 °C (th. 6-7).

1 Mettez les tranches de bresaola bien à plat sur une planche à découper.

2 Déposez 1 cuillerée à soupe de ricotta au centre de chaque tranche, puis ajoutez quelques dés de tomates confites et 2 ou 3 feuilles de roquette.

3 Roulez les tranches de bresaola sur elles-mêmes, afin d'obtenir un joli rouleau harmonieux.

rouleaux de bresaola, ricotta et tomates confites

POUR 4 PERSONNES

Préparation 20 minutes

12 tranches de bresaola
50 g de roquette
le jus de 1 citron jaune
15 feuilles de basilic
1 gousse d'ail
200 g de ricotta
8 pétales de tomates confites
3 cuill. à soupe d'huile d'olive
fleur de sel et poivre

- Lavez puis ciselez le basilic. Lavez et coupez les tomates confites en petits dés. Hachez la gousse d'ail. Lavez la roquette
- Dans un bol, mélangez la ricotta avec le basilic ciselé, l'ail, du sel et du poivre.
- Mettez les tranches de bresaola bien à plat sur une planche à découper. Déposez 1 cuillerée à soupe du mélange à la ricotta au centre de chaque tranche. Disposez quelques dés de tomates confites et 2 ou 3 feuilles de roquette sur le mélange de ricotta.
- Roulez les tranches de bresaola sur elles-mêmes, afin d'obtenir un joli rouleau harmonieux.
- Dans un petit bol, mélangez l'huile d'olive et le jus de citron.
- Déposez dans les assiettes 3 rouleaux par personne, puis versez 1 cuillerée à soupe du mélange huile-citron. Parsemez de fleur de sel et donnez un tour de moulin à poivre.

Une entrée pleine de soleil que l'on déguste à table en entrée ou... à l'apéro avec les doigts !

J'adore ces petites brochettes que je fais depuis des années ! Je les prépare la veille ou le matin même, ce qui me permet d'être zen avant l'arrivée de mes amis !

mini-brochettes de poulet mariné au soja

POUR 12 MINI-BROCHETTES

Préparation 30 minutes
Trempage 12 heures
Réfrigération 30 minutes
Cuisson 4 minutes

2 blancs de poulet
1 gousse d'ail
3 cuill. à soupe de sauce soja
1 cuill. à soupe de miel liquide
1 cuill. à café de sucre en poudre
1 cuill. à soupe de vinaigre de riz
1 cuill. à café d'huile de sésame
12 piques en bois

- Versez de l'eau dans un petit plat et faites-y tremper les piques en bois. Cela évitera qu'elles ne brûlent à la cuisson. L'idéal est de les faire tremper pendant plusieurs heures, voire une nuit.
- Coupez le poulet en dés de 2 x 2 centimètres. Pressez l'ail.
- Préparez la marinade : dans un petit saladier, mélangez la sauce soja, le miel, l'ail, le sucre en poudre, le vinaigre de riz et l'huile de sésame. Ajoutez le poulet. Couvrez de film alimentaire et laissez mariner 30 minutes minimum au réfrigérateur.
- Montez les brochettes en veillant à ne pas trop serrer les morceaux de viande, afin d'obtenir une cuisson homogène.
- Faites cuire vos mini-brochettes soit dans une poêle chaude, soit sous le gril du four 2 minutes de chaque côté. Si vous optez pour la poêle, n'hésitez pas à imbiber vos brochettes de marinade régulièrement en cours de cuisson afin de bien les caraméliser.

Cette manière un peu décalée de manger du foie gras à l'heure de l'apéritif fait toujours fureur !

verrines de chantilly de foie gras, mouillettes de pain de campagne

POUR 4 PERSONNES

Préparation 30 minutes
Réfrigération 2 heures
Cuisson 10 minutes

150 g de foie gras cuit
25 cl de crème liquide entière
1 pincée de quatre-épices
4 tranches de pain de campagne
sel et poivre blanc

- Coupez le foie gras en morceaux.
- Dans une casserole, faites chauffer la crème et le foie gras jusqu'à ce que celui-ci soit complètement fondu, sans faire bouillir. Ajoutez le quatre-épices, le sel et le poivre. Mixez si nécessaire et filtrez. Versez cette préparation dans un siphon. Ajoutez une cartouche de gaz et secouez énergiquement. Réservez au réfrigérateur au moins 2 heures.
- Faites griller le pain de campagne au four ou au grille-pain, puis découpez-le en bâtonnets de 1 centimètre de largeur.
- Au moment de servir, secouez le siphon et dressez la chantilly de foie gras dans les verrines. Disposez une mouillette de pain de campagne dans chaque verrine et servez.

astuce

Vous pouvez également aromatiser la chantilly avec du cognac, de l'armagnac ou de la vanille en poudre, ou remplacer le pain de campagne par du pain d'épices.

Je sers également ce thon en entrée.
Dans ce cas, je l'accompagne de quelques feuilles de jeunes pousses et le parsème de graines de grenade.

cubes de thon rouge aux agrumes

POUR 6 PERSONNES

Préparation 20 minutes
Réfrigération 30 minutes
Cuisson 1 minute

300 g de thon rouge
1 pamplemousse
1 citron vert non traité.
1 cuill. à soupe de sauce soja
1 cuill. à café de Tabasco®
1 cuill. à soupe d'huile d'olive
fleur de sel et poivre

- Lavez le citron vert, séchez-le, prélevez-en le zeste et pressez-le pour récupérer le jus. Pressez le pamplemousse.
- Préparez une marinade en mélangeant l'huile d'olive, la sauce soja, les jus de pamplemousse et de citron vert, le Tabasco® et le zeste du citron vert.
- Coupez le poisson en cubes de 4 centimètres de côté. Déposez-les dans la marinade et laissez-les au réfrigérateur pendant 30 minutes.
- Dans une poêle bien chaude ou sur une plancha, faites saisir le thon sur ses 4 faces, 15 secondes de chaque côté. Il doit être cuit à l'extérieur mais rouge à cœur.
- Saupoudrez de fleur de sel et d'un tour de moulin à poivre. Servez aussitôt.

1 Cassez le chocolat en morceaux et faites-le fondre au bain-marie.

2 À l'aide d'une spatule, étalez une très fine couche de chocolat sur les tranches de pain d'épices.

3 Coupez le foie gras en 8 tranches régulières.

mille-feuilles de foie gras, pain d'épices et chocolat

POUR 4 PERSONNES

Préparation 30 minutes
Réfrigération 15 minutes
Cuisson 5 minutes

400 g de foie gras cuit ou mi-cuit
8 tranches de pain d'épices
50 g de chocolat noir pâtissier

- Cassez le chocolat en morceaux et faites-le fondre au bain-marie. À l'aide d'une spatule, étalez une très fine couche de chocolat sur les tranches de pain d'épices. Réservez-les au réfrigérateur 15 minutes pour figer le chocolat et mettez le chocolat restant dans une poche à douille munie d'une douille lisse de très petit diamètre.
- Coupez le foie gras en 8 tranches régulières. Pour ce faire, n'hésitez pas à tremper votre lame de couteau dans de l'eau chaude. Cela aidera à une découpe franche et rapide.
- Sur une planche à découper, disposez 4 tranches de pain d'épices chocolatées. Déposez sur chacune d'elles une tranche de foie gras. Recommencez l'opération afin d'obtenir le montage suivant : pain d'épices chocolaté/foie gras/pain d'épices chocolaté/foie gras.
- À l'aide d'un grand couteau lisse, découpez des cubes de 5 x 5 centimètres. Déposez 2 ou 3 petites "pointes" de chocolat au sommet de chaque mille-feuille. Couvrez de film alimentaire et réservez au frais.
- Sortez-les du réfrigérateur environ 30 minutes avant la dégustation.

astuce

Si votre pain d'épices est un peu sec, imbibez-le d'alcool (gewurztraminer, par exemple).

4 Superposez tranches de pain d'épices chocolatées et tranches de foie gras.

5 Découpez des cubes de 5 x 5 centimètres.

6 Déposez 2 ou 3 petits dômes de chocolat au sommet de chaque mille-feuille.

Une recette qui sent bon le sud et le soleil ! Les figues de Provence... les souvenirs de mon enfance !

figues rôties au chèvre et au romarin

POUR 4 PERSONNES

Préparation 10 minutes
Cuisson 10 minutes

4 belles figues

2 petits fromages de chèvre frais

2 brins de romarin

1 cuill. à soupe de miel liquide

1 filet d'huile d'olive + un peu pour le plat

sel et poivre blanc

- Préchauffez le four à 180 °C (th. 6).
- Hachez le romarin. Dans une assiette creuse, écrasez à la fourchette le fromage de chèvre et ajoutez le romarin. Salez et poivrez.
- Incisez le sommet des figues en croix avec la pointe d'un couteau. Déposez au centre de chaque figue 1 petite cuillerée de fromage de chèvre au romarin.
- Huilez le fond d'un petit plat allant au four. Disposez les figues dans ce plat, arrosez de miel et d'un filet d'huile d'olive.
- Enfournez 10 minutes à 180 °C (th. 6).

astuces

Vous pouvez déguster ces figues au romarin seules en apéritif, ou alors en entrée ou à l'heure du fromage avec une petite salade de jeunes pousses ou de roquette accompagnée de cerneaux de noix. Hors saison, vous pouvez également utiliser des quartiers de figues surgelés.

STAUB
STAUB

Qu'est-ce

qu'on mange ce soir ?

Pas de panique,

j'ai plus d'un tour

dans mon sac !

La douceur de cette soupe acidulée fera aimer le céleri même aux plus réticents ! Vous pouvez également la préparer comme une purée et la servir en accompagnement.

soupe céleri et pomme verte

POUR 4 PERSONNES

Préparation 20 minutes
Cuisson 30 minutes

1 céleri-rave
2 pommes granny smith
2 échalotes
40 cl de lait
2 pincées de curry
50 cl d'eau
1 filet d'huile d'olive
sel et poivre

● Épluchez les échalotes, le céleri et les pommes. Émincez les échalotes et coupez le céleri et les pommes en gros cubes.

● Dans un fait-tout, faites chauffer l'huile d'olive. Ajoutez les échalotes et faites-les revenir pendant 2 minutes. Ajoutez les cubes de céleri et de pommes. Couvrez avec le lait et l'eau. Assaisonnez de curry, de sel et de poivre. Couvrez et laissez cuire 25 minutes à feu moyen.

● Vérifiez la cuisson en piquant le céleri avec la pointe d'un couteau. À l'aide d'un mixeur plongeant, moulinez la soupe et servez.

astuces

Au moment de servir, vous pouvez ajouter un filet d'huile de noix, quelques noix concassées et des petits lardons préalablement revenus dans une poêle.

• Vous pouvez également remplacer le lait et l'eau par du bouillon, ou uniquement de l'eau, ou alors par du jus de cuisson de moules et servir ce velouté avec les moules.

Parfait pour un repas du soir, l'œuf cocotte demande très peu de temps de préparation et vous pouvez y ajouter tout ce que vous aimez. Accompagnez-le d'une salade frisée bien vinaigrée.

œufs cocotte, coppa-parmesan

POUR 4 PERSONNES

Préparation 15 minutes
Cuisson 7 minutes

8 tranches de coppa
½ botte de ciboulette
1 gousse d'ail
4 œufs
20 g de beurre
4 cuill. à soupe de crème fraîche épaisse
quelques copeaux de vieux parmesan
4 pétales de tomates confites
1 pincée de paprika
½ baguette
sel et poivre

- Préchauffez le four à 220 °C (th. 7-8).
- Ciselez la ciboulette. Coupez la coppa en lanières de 1 centimètre de largeur et les tomates confites en petits dés.
- Beurrez 4 ramequins. Cassez un œuf dans chacun, puis déposez 1 cuillerée à soupe de crème sur chaque œuf. Parsemez de lanières de coppa et de dés de tomates. Salez, poivrez et saupoudrez de paprika.
- Déposez les ramequins dans un plat à gratin, entourez-les les d'eau bouillante à mi-hauteur et enfournez 7 minutes. À la sortie du four, parsemez de ciboulette ciselée et de copeaux de parmesan.
- Coupez la baguette en tranches fines, en diagonale. Frottez les tranches avec la gousse d'ail épluchée et faites-les griller dans un grille-pain.

astuce

Remplacez la crème fraîche par du mascarpone et la coppa par de la pancetta ou de la viande des grisons.

Toutes mes origines provençales sont dans cette recette qui me rappelle les déjeuners en famille à Avignon.

La soupe au pistou, c'est une institution chez nous ! Et elle est encore meilleure réchauffée le lendemain !

soupe au pistou "du pays" de mon papa

POUR 6 PERSONNES

Préparation 40 minutes
Cuisson 40 minutes

200 g de haricots verts
200 g de haricots blancs
200 g de haricots rouges
3 tomates
3 courgettes
3 pommes de terre
3 carottes
3 gousses d'ail
1 botte de basilic
60 g de parmesan râpé
200 g d petites pâtes type macaronis courts
20 cl d'huile d'olive

- Épluchez et lavez les haricots verts, les courgettes, les pommes de terre et les carottes. Lavez les tomates. Détaillez tous les légumes en petits cubes. Égouttez les haricots blancs et rouges.
- Dans un grand fait-tout rempli d'eau, faites cuire les pommes de terre et les carottes pendant 30 minutes. Puis ajoutez les autres légumes et laissez cuire doucement.
- Pendant ce temps, préparez le pistou : écrasez au mortier le basilic et l'ail, ajoutez l'huile d'olive en filet et enfin la moitié du parmesan.
- Mettez la moitié du pistou dans la soupe et réservez le reste.
- Ajoutez les pâtes 10 minutes avant la fin de la cuisson.
- Servez avec le reste de pistou et de parmesan râpé.

astuce

Pour donner plus de consistance à la soupe, ajoutez-y un jarret de porc. Pour ce faire, mettez le jarret dans le fait-tout avec 3 à 4 litres d'eau froide et salez. Portez à ébullition et écumez régulièrement. Après 1 h 30 de cuisson, ajoutez les pommes de terre et les carottes et continuez la recette normalement.

1 Coupez les tomates en quatre. Disposez-les dans un plat à gratin. Ajoutez la mozzarella en dés, les herbes et un filet d'huile d'olive. Enfournez.

2 Sortez du four, enlevez le jus des tomates à l'aide d'une petite louche et laissez tiédir.

3 Ajoutez le crumble et enfournez à nouveau pour 30 minutes.

crumble de tomates mozza

POUR 4 PERSONNES
Préparation 30 minutes
Réfrigération 20 minutes
Cuisson 50 minutes

8 tomates
10 feuilles de basilic
2 branches de thym
150 g de beurre demi-sel
2 boules de mozzarella
75 g de parmesan
150 g de farine
75 g de chapelure
1 filet d'huile d'olive
sel et poivre

- Préchauffez le four à 180 °C (th. 6).
- Préparez le crumble : coupez le beurre en petits dés, ajoutez la farine, le parmesan et la chapelure. Malaxez du bout des doigts pour obtenir un mélange granuleux. Réservez au réfrigérateur pendant 20 minutes.
- Coupez les tomates en quatre. Disposez-les dans un plat à gratin. Ajoutez la mozzarella coupée en dés, le basilic ciselé, le thym et un filet d'huile d'olive. Salez et poivrez.
- Enfournez pour 20 minutes.
- Sortez du four, enlevez le jus des tomates à l'aide d'une petite louche et laissez tiédir.
- Ajoutez le crumble et enfournez à nouveau pour 30 minutes.

astuce

Vous pouvez faire ce crumble dans un grand plat à gratin ou des petits plats individuels.

C'est la recette que ma maman nous prépare souvent le dimanche midi. Un plat épicé et généreux dans lequel elle varie toujours les fruits secs et qui plaît à toute la famille.

comme un tajine :
poulet, pruneaux, amandes et courgettes, semoule rapide au micro-ondes

POUR 4 PERSONNES

Préparation 30 minutes
Cuisson 1h35

12 pilons de poulet
1 kg de courgettes
4 tomates
500 g de pruneaux dénoyautés
3 gousses d'ail
1 oignon
250 g de semoule fine
100 g d'amandes mondées
2 cuill. à café d'épices à tajine
3 cuill. à soupe de miel liquide
1 cube de bouillon de volaille
2 cuill. à soupe d'huile d'olive + 1 filet
sel et poivre

● Préchauffez le four à 180 °C (th. 6). Épluchez et hachez les gousses d'ail et l'oignon. Lavez et coupez les tomates en gros morceaux et les courgettes en rondelles de 2 centimètres d'épaisseur.

● Torréfiez les amandes dans une poêle chaude sans matière grasse, en remuant constamment pour qu'elles ne brûlent pas.

● Dans une grande cocotte allant au four, faites chauffer un filet d'huile d'olive. Faites-y revenir l'oignon, l'ail et les pilons de poulet. Ajoutez les épices à tajine et mélangez bien afin de bien les répartir sur la viande. Ajoutez le miel et les tomates. Mouillez d'eau à hauteur et ajoutez le cube de bouillon. Salez, poivrez, couvrez et laissez mijotez 30 minutes.

● Ajoutez ensuite les rondelles de courgettes, salez, poivrez à nouveau et enfournez pour 1 heure.

● 15 minutes avant la fin de la cuisson, ajoutez les pruneaux et les amandes. Le jus doit devenir sirupeux.

● Préparez la semoule : dans un saladier, versez la semoule. Ajoutez 2 cuillerées à soupe d'huile d'olive et salez. Versez un volume d'eau froide égal au volume de semoule et mélangez bien. Laissez reposer 2 minutes, puis faites chauffer au four à micro-ondes à puissance maximale pendant 2 minutes. Égrainez à la fourchette.

astuces

Vous pouvez remplacer le poulet par 1 kg d'épaule d'agneau et utiliser d'autres fruits secs (figues, dattes, abricots, etc.). Vous pouvez faire cuire le tajine sur feu doux uniquement, pendant 1h30, sans le passer au four.

• Vous pouvez faire gonfler au préalable vos fruits secs dans de l'eau chaude, du bouillon ou encore du thé.

Voilà ce que ma fille appelle « la bonne viande » ! Effectivement, elle est ultra fondante et la sauce légèrement acide plaît beaucoup aux enfants, surtout si elle est accompagnée de tagliatelles fraîches.

sauté de veau au citron et aux olives, polenta moelleuse

POUR 4 PERSONNES

Préparation 30 minutes
Cuisson 1h40

600 g d'épaule de veau
1 citron jaune
1 gousse d'ail
1 oignon
1 bouquet garni
30 g de beurre
100 g d'olives vertes dénoyautées
1 cube de bouillon de volaille
2 cuill. à soupe de farine
sel et poivre

POUR LA POLENTA

250 g de polenta
1 cube de bouillon de légumes
50 g de mascarpone
¼ l d'eau
sel et poivre

- Pelez et émincez l'oignon et la gousse d'ail. Coupez la viande en gros dés de 5 centimètres. Prélevez le zeste et le jus du citron.
- Dans une cocotte, faites fondre le beurre et faites-y revenir l'oignon. Puis ajoutez les morceaux de veau et laissez-les prendre une belle coloration. Saupoudrez de farine et mélangez pendant 2 minutes. Mouillez avec le jus de citron. Puis ajoutez de l'eau jusqu'à ce que la viande soit immergée. Ajoutez ensuite le cube de bouillon de volaille, le zeste de citron, l'ail et le bouquet garni. Salez, poivrez, couvrez et laissez mijoter pendant 1 heure. Ajoutez les olives et laissez encore cuire pendant 30 minutes.
- Dans une grande casserole, portez 1 ¼ litre d'eau à ébullition avec le cube de bouillon de légumes, salez et poivrez. Versez la polenta en pluie et remuez constamment avec une cuillère en bois. Après 5 minutes de cuisson, ajoutez le mascarpone et mélangez bien.
- Vous pouvez servir la polenta telle quelle ou la verser dans une plaque, la laisser refroidir, la découper en losanges puis faire revenir ces morceaux dans une poêle chaude avec un filet d'huile d'olive. Servez cette polenta avec le sauté de veau.

astuces

Lorsque je suis pressée, je prépare ce plat dans mon autocuiseur et 30 minutes suffisent pour obtenir une viande ultra fondante. Vous pouvez également ajouter des quartiers de citrons confits pour rehausser le goût.

Et voici la recette de Nicolas, le « Le roi de l'escalope » ! Il la prépare à la perfection. Tout le secret réside dans la finesse de la viande. Alors, n'hésitez pas à l'aplanir à bons coups de marteau !

escalopes viennoises, spaghettis au pistou et tomates à la provençale

POUR 4 PERSONNES

Préparation 45 minutes
Cuisson 25 minutes

4 escalopes de veau
1 citron
2 œufs
50 g de beurre
parmesan
100 g de farine
500 g de spaghettis
150 g de chapelure
1 filet d'huile d'olive
sel et poivre

POUR LE PISTOU
1 bouquet de basilic
2 gousses d'ail
10 cl d'huile d'olive
sel

POUR LES TOMATES À LA PROVENÇALE
4 tomates bien mûres
1 gousse d'ail
2 cuill. à soupe de persil ciselé
2 cuill. à soupe de chapelure
1 filet d'huile d'olive
sel et poivre

- Préchauffez le four à 200 °C (th. 6-7).
- Préparez les tomates à la provençale : pressez l'ail, mélangez-le le au persil ciselé et réservez. Lavez et coupez les tomates en deux. Placez-les dans un plat allant au four. Salez et poivrez-les, puis recouvrez-les du mélange ail et persil. Saupoudrez de chapelure et ajoutez un filet d'huile d'olive. Enfournez pour 25 minutes.
- Préparez le pistou : pressez l'ail et émincez finement le basilic. Mettez-les dans un mortier et écrasez-les jusqu'à obtenir une purée. Ajoutez-y petit à petit l'huile d'olive et mélangez doucement (comme pour une mayonnaise). Salez.
- Préparez les escalopes : à l'aide d'un marteau ou du fond d'une casserole, aplatissez les escalopes le plus finement possible. Préparez 3 assiettes : mettez la farine dans la première, les œufs battus dans la deuxième et la chapelure dans la dernière. Passez les escalopes dans la farine, enlevez le surplus, puis trempez-les dans les œufs et enfin dans la chapelure afin de former une couche uniforme.
- Dans une grande poêle, faites fondre le beurre et l'huile ensemble et faites-y revenir les escalopes 4 minutes de chaque côté, jusqu'à ce que la chapelure devienne dorée. Salez et poivrez-les en fin de cuisson.
- Faites cuire les spaghettis *al dente* et ajoutez le pistou.
- Servez les escalopes avec un quartier de citron sur chacune, et le parmesan à côté, accompagnées des tomates à la provençale.

1 À l'aide d'un couteau, ouvrez les suprêmes dans la longueur et aplatissez-les légèrement.

2 Disposez un bâtonnet de mozzarella, les dés de chorizo et de tomates confites, ainsi que le basilic au centre de chaque suprême.

3 Refermez puis roulez les suprêmes dans du film alimentaire afin d'obtenir un boudin régulier.

ballottines de poulet

chorizo, tomates confites, mozzarella et sauce vierge acidulée

POUR 4 PERSONNES

Préparation 1 heure
Cuisson 10 minutes

4 blancs de poulet
50 g de chorizo
4 feuilles de basilic
1 boule de mozzarella
100 g de tomates confites
sel et poivre

POUR LA SAUCE VIERGE
2 tomates bien mûres
4 grappes de groseilles
le jus de 1 citron jaune
1 échalote
10 brins de ciboulette
15 olives noires dénoyautées
10 cl d'huile d'olive
sel et poivre

- Coupez le chorizo, les tomates confites, les tomates fraîches lavées, les olives et l'échalote en petits dés. Taillez la mozzarella en bâtonnets. Ciselez le basilic et la ciboulette.
- Préparez la sauce vierge : dans un bol, mélangez l'huile d'olive, le jus de citron, les dés d'olives noires et de tomates, l'échalote, les groseilles et la ciboulette. Salez, poivrez et réservez.
- À l'aide d'un couteau, ouvrez les suprêmes dans la longueur et aplatissez-les légèrement à l'aide d'un marteau ou du fond d'une casserole. Salez et poivrez. Disposez un bâtonnet de mozzarella, les dés de chorizo et de tomates confites, ainsi que le basilic au centre de chaque suprême. Refermez puis roulez ces derniers dans du film alimentaire afin d'obtenir un boudin régulier. Fermez soigneusement les extrémités en serrant au maximum.
- Dans une casserole, faites chauffer un grand volume d'eau et faites-y pochez les ballottines pendant 10 minutes.
- Retirez les ballottines à l'aide d'une écumoire. Enlevez le film. Coupez les deux extrémités des ballottines et coupez-les en tranches épaisses en diagonale. Dans votre assiette, dressez les sifflets de volaille et arrosez-les de sauce vierge.

4 Faites pocher les ballottines 10 minutes dans un grand volume d'eau.

5 Retirez les ballottines à l'aide d'une écumoire.

6 Après avoir enlevé le film, coupez les deux extrémités des ballottines et coupez-les en tranches épaisses en diagonale.

Le plat préféré de ma fille Jeanne ! Elle l'appelle « le poisson avec la bonne sauce » ! J'adore le lait de coco : avec sa touche sucrée toute douce, il est parfait pour les poissons et viandes blanches.

dos de cabillaud poché au lait de coco

POUR 4 PERSONNES

Préparation 20 minutes
Cuisson 15 minutes

800 g de dos de cabillaud
1 oignon nouveau
1 botte de persil ciselé
1 branche de citronnelle
2 cuill. à soupe de crème fraîche
1 cuill. à café de curry en poudre
1 pincée de piment d'Espelette
1 brique de lait de coco
1 cube de court-bouillon
sel et poivre

- Coupez le dos de cabillaud en tronçons de 7 centimètres de longueur. Émincez finement l'oignon nouveau. Ciselez le persil. Retirez la feuille qui recouvre la tige de citronnelle, coupez les extrémités, puis émincez.
- Dans une casserole, faites chauffer le lait de coco. Ajoutez le cube de court-bouillon, le curry, le piment, la moitié du persil ciselé, l'oignon et la citronnelle. Salez et poivrez. Portez à ébullition.
- Pochez le poisson à feu doux dans cette crème une dizaine de minutes (jusqu'à ce qu'il soit cuit) : il faut qu'il se tienne et qu'il ne s'effiloche pas. Sortez le poisson à l'aide d'une écumoire.
- Liez la sauce avec la crème fraîche. Laissez épaissir sur feu vif pendant environ 5 minutes.
- Servez le poisson nappé de sauce et parsemé de persil frais ciselé. Accompagnez ce plat de riz thaï ou de patates douces.

s saveurs asiatiques et la simplicité de ce plat.
ise avec du poulet, des crevettes, du bœuf, du canard
ou simplement des légumes. Les cacahuètes et la coriandre,
voilà ce qui fait toute la différence !

nouilles chinoises au poulet et aux crevettes

POUR 4 PERSONNES

Préparation 30 minutes
Réfrigération 30 minutes
Cuisson 10 minutes

3 blancs de poulet
20 crevettes roses environ
1 carotte
½ chou
1 citron vert
2 cm de gingembre
1 bouquet de coriandre
1 paquet de nouilles chinoises au blé
50 g de cacahuètes non salées
3 cuill. à soupe de sauce soja
1 cuill. à café d'huile de sésame
1 filet d'huile d'olive
sel et poivre

- Coupez le poulet en fines lamelles. Prélevez le zeste et le jus du citron vert. Râpez le gingembre. Épluchez, lavez et râpez la carotte et le chou. Lavez et émincez la coriandre. Concassez les cacahuètes.
- Dans un saladier, mélangez la sauce soja, l'huile de sésame, le jus du citron vert, le gingembre râpé. Ajoutez les lanières de poulet, couvrez d'un film alimentaire et réservez au réfrigérateur 30 minutes minimum.
- Faites cuire les nouilles chinoises comme indiqué sur le paquet et rincez-les à l'eau froide. Égouttez le poulet et conservez la marinade.
- Dans un wok, faites chauffer un filet d'huile d'olive et faites-y revenir 2 minutes la carotte et le chou sur feu vif. Les légumes doivent rester croquants. Ajoutez le poulet mariné et poursuivez la cuisson sur feu vif pendant 5 minutes.
- Lorsque le poulet est cuit, ajoutez les crevettes, puis les nouilles et enfin la marinade. Cuisez encore 2 minutes.
- Servez dans des assiettes creuses ou de grands bols. Saupoudrez de coriandre fraîche émincée, de cacahuètes concassées et du zeste de citron vert.

Ce soir,

je reçois.

Je mets les

petits plats

dans les grands

et ça en jette !

Une entrée raffinée et gourmande qui peut également être servie en verrines au moment de l'apéritif.

cappuccino de potiron, chantilly parfumée au lard et copeaux de foie gras

POUR 4 PERSONNES

Préparation 30 minutes
Congélation 20 minutes
Cuisson 40 minutes

1 kg de potiron
1 blanc de poireau
2 pommes de terre
1 oignon
5 branches de persil
30 g de beurre
2 portions de fromage fondu (type Vache qui rit®)
1 cube de bouillon de volaille
Sel et poivre

POUR LA CHANTILLY
100 g de lard ou lardons fumés
20 cl de crème fluide entière

80 g de foie gras

● Émincez l'oignon, le persil et le poireau. Coupez les pommes de terre et le potiron en gros cubes.

● Dans un fait-tout, mettez le beurre à fondre et faites suer l'oignon et le poireau. Lorsqu'ils deviennent translucides, ajoutez les pommes de terre et le potiron. Recouvrez d'eau à hauteur puis ajoutez le cube de bouillon. Salez, poivrez et ajoutez le persil. Couvrez et laissez cuire environ 35 minutes. Vérifiez la cuisson des légumes à l'aide de la pointe d'un couteau. Mixez, ajoutez le fromage fondu et réservez sur feu doux.

● Confectionnez la chantilly au lard : dans une petite casserole, faites chauffer le lard avec la crème. Portez à ébullition puis laissez refroidir. Retirez le lard de la crème. Mettez la préparation dans un siphon avec une cartouche de gaz et réservez au frais (vous pouvez également monter la chantilly au fouet).

● Prélevez des copeaux de foie gras à l'aide d'un économe : pour réaliser vos copeaux facilement, mettez le foie au congélateur pendant 20 minutes au préalable.

● Versez le velouté de légumes dans des tasses à cappuccino, dressez un dôme de chantilly dans chacune, parsemez de copeaux de foie gras et servez.

STAUB
STAUB
STAUB

Voilà comment apporter de la subtilité au traditionnel hachis parmentier. La présentation en mini-cocottes individuelles amène de l'élégance à un plat habituellement familial.

mini-cocottes de parmentier de canard et foie gras parfumées à la truffe

POUR 6 PERSONNES

Préparation 1 heure
Cuisson 30 minutes

4 cuisses de canard confit
6 tranches de foie gras cuit ou mi-cuit
800 g de pommes de terre
3 gousses d'ail
2 échalotes
beurre pour les cocottes
20 cl de lait
chapelure
2 cuill. à soupe d'huile de truffe
10 cl d'huile d'olive
sel et poivre

- Préchauffez le four à 220 °C (th. 7-8).
- Épluchez et hachez les gousses d'ail et les échalotes
- Dans une grande poêle, faites suer l'ail et les échalotes, puis ajoutez les cuisses de canard confit afin de faire fondre toute la graisse. Égouttez la viande dans un chinois puis effilochez-la.
- Épluchez et lavez les pommes de terre, puis faites-les cuire dans un grand volume d'eau salée. Écrasez les pommes de terre à la fourchette ou avec un presse-purée. Ajoutez le lait petit à petit en mélangeant bien, puis détendez la purée en ajoutant l'huile d'olive en filet. Aromatisez la purée avec l'huile de truffe, salez et poivrez.
- Pour le dressage des cocottes, beurrez 6 mini-cocottes puis disposez dans chacune une fine couche de purée dans le fond, la viande de canard, une tranche de foie gras et terminez par une couche généreuse de purée. Parsemez de chapelure puis enfournez pour 15 minutes.

astuces

Vous pouvez préparer cette recette la veille et la réchauffer le lendemain en passant vos mini-cocottes 10 minutes dans un four à 200 °C (th. 6-7).

- Pour les jours de fêtes, ajoutez quelques râpures de truffe fraîche à votre purée de pommes de terre.
- Vous pouvez également ajouter à votre purée des gousses d'ail revenues à l'huile d'olive. Elles apporteront un petit goût de noisette à votre plat.

Un des plats qui m'a souvent « sauvée » pour les soirs où les amis s'invitaient à l'improviste à la maison. J'ai toujours du riz à risotto et des poires au sirop dans mon placard, et du gorgonzola dans mon frigo.

risotto au gorgonzola et poires, chips de lard

POUR 4 PERSONNES

Préparation 30 minutes
Cuisson 20 minutes

4 tranches très fines de lard fumé
1 oignon
50 g de beurre
200 g de gorgonzola
90 g de parmesan
350 g de riz à risotto
1 petite boîte de poires au sirop
1 l de bouillon de légumes
15 cl de vin blanc sec
sel et poivre

- Égouttez les poires et coupez-les en petits dés. Enlevez la croûte du gorgonzola et émiettez-le. Émincez l'oignon.
- Dans une casserole, faites revenir l'oignon sans coloration dans le beurre fondu. Ajoutez le riz et remuez pour bien l'enrober de matière grasse.
- Lorsque le riz devient translucide, versez le vin blanc. Attendez que tout le vin soit absorbé. Ajoutez ensuite une louche de bouillon. Salez et poivrez. Attendez qu'il n'y ait plus de liquide. Laissez cuire le risotto à feu doux en ajoutant le bouillon louche par louche. Le riz cuit en moyenne en 15 minutes.
- Après 13 minutes de cuisson, ajoutez le gorgonzola et laissez-le fondre doucement. Puis ajoutez le parmesan et les dés de poires. Rectifiez l'assaisonnement si nécessaire.
- Dans une poêle chaude, sans matière grasse, faites griller les tranches de lard jusqu'à ce qu'elles deviennent croustillantes.
- Dressez le risotto dans des assiettes creuses et piquez au centre de chacune une chips de lard.

astuce

Pour un risotto plus onctueux, vous pouvez ajouter une grosse noix de beurre ou 1 cuillerée à soupe de mascarpone en fin de cuisson.

1 Tranchez les noix de saint-jacques en très fines lamelles de 2 millimètres d'épaisseur.

2 Avec un pinceau, badigeonnez le carpaccio de saint-jacques de vinaigrette.

3 Parsemez de pulpe de fruit de la Passion et de brunoise de mangue, puis assaisonnez de fleur de sel.

carpaccio de saint-jacques des îles

POUR 4 PERSONNES

Préparation 20 minutes

12 noix de saint-jacques
1 citron vert
1 mangue bien mûre
1 fruit de la Passion
1 cuill. à café de sauce soja
2 cuill. à soupe d'huile d'olive
fleur de sel et poivre blanc

- Coupez le fruit de la Passion en deux et extrayez-en la pulpe à l'aide d'une petite cuillère. Prélevez le jus et le zeste du citron vert. Coupez la mangue en brunoise.
- Dans un bol, mélangez le jus et le zeste de citron, l'huile d'olive, la sauce soja et le poivre blanc.
- Sur une planche à découper et à l'aide d'un couteau bien aiguisé, tranchez les noix de saint-jacques en très fines lamelles de 2 millimètres d'épaisseur et disposez-les directement dans les assiettes de service afin de ne pas trop les manipuler.
- Avec un pinceau, badigeonnez le carpaccio de saint-jacques de vinaigrette. Parsemez de pulpe de fruit de la Passion et de brunoise de mangue. Assaisonnez de fleur de sel.
- Si vous ne dégustez pas immédiatement, couvrez les assiettes de film alimentaire et réservez-les au réfrigérateur.

Mes lasagnes me sont réclamées par mes frères à chaque fois que l'on mange ensemble. D'après eux, ce sont les meilleures du monde ! Ils sont vraiment sympas ces deux-là !

lasagnes del casa biscarrat

POUR 8 PERSONNES

Préparation 40 minutes
Cuisson 1h45

6 tranches fines de jambon cuit aux herbes
50 g de beurre
200 g de gruyère râpé
90 g de parmesan
300 g de feuilles de lasagnes

POUR LA SAUCE BÉCHAMEL
40 g de beurre
40 g de farine
50 cl de lait
noix muscade
sel et poivre

POUR LA SAUCE BOLOGNAISE
700 g de viande de bœuf hachée
1 carotte
1 gousse d'ail
2 oignons
1 bouquet de persil
1 branche de thym
1 feuille de laurier
1 l de coulis de tomates
20 cl de vin blanc sec
1 filet d'huile d'olive
sel et poivre

- Préparez la sauce Béchamel : dans une casserole, faites un roux : faites fondre 40 g de beurre, ajoutez la farine et mélangez bien, puis versez la moitié du lait et fouettez afin d'enlever les grumeaux. Puis ajoutez le reste de lait et mélangez bien. Salez, poivrez et râpez de la noix muscade.
- Préparez la sauce bolognaise : épluchez, lavez et taillez la carotte en mirepoix. Épluchez et émincez les oignons et la gousse d'ail. Dans une grande sauteuse, faites chauffez l'huile d'olive et ajoutez les oignons émincés et les dés de carotte. Laissez dorer puis ajoutez la viande de bœuf. Salez et poivrez. Lorsque la viande est colorée, ajoutez le vin blanc et laissez-le s'évaporer. Ajoutez ensuite le coulis de tomates, l'ail, le persil ciselé, le thym et le laurier. Couvrez puis laissez mijoter à feu doux pendant 1 heure.
- Montez les lasagnes : beurrez un grand plat à gratin. Étalez une couche de béchamel, puis une couche de feuilles de lasagnes, une couche de sauce bolognaise, une tranche de jambon cuit. Parsemez de parmesan. Répétez l'opération jusqu'à épuisement des ingrédients, en terminant par une couche de béchamel.
- Parsemez de gruyère râpé et de 50 g de beurre coupé en dés, puis enfournez pour 45 minutes.

astuces

Les pâtes doivent être recouvertes de sauce pour pouvoir cuire. Ajoutez à la sauce bolognaise un peu d'eau et de concentré de tomates si nécessaire.

• Vous pouvez ajouter des champignons de Paris et une branche de céleri dans votre sauce.

J'adore cette recette ! Je la trouve très belle, originale et très subtile. Un plat tout en finesse pour épater mes amis et leur faire plaisir.

dos de cabillaud en croûte d'amandes et de pistaches,

compotée de fenouil au safran et marmelade d'oranges

POUR 4 PERSONNES

Préparation 1 heure
Cuisson 50 minutes

4 dos de cabillaud
de 170 g chacun environ
1 orange
40 g d'amandes entières
40 g de pistaches non salées
60 g de chapelure
10 cl d'huile d'olive
fleur de sel
sel et poivre

POUR LA COMPOTÉE DE FENOUILS
3 fenouils
1 oignon
1 dosette de safran
3 cuill. à soupe d'huile d'olive
sel et poivre

POUR LA MARMELADE D'ORANGES
4 oranges
1 pincée de vanille en poudre
2 cuill. à soupe d'huile d'olive

- Préchauffez le four à 180 °C (th. 6).
- Préparez la compotée de fenouils : lavez puis émincez finement les fenouils et l'oignon (vous pouvez utiliser une mandoline). Dans une cocotte, faites revenir l'oignon dans l'huile d'olive. Lorsqu'il commence à colorer, ajoutez le fenouil. Salez, poivrez, ajoutez 25 cl d'eau, la dosette de safran et laissez compoter sur feu doux pendant 30 minutes environ. Il faut que le fenouil soit fondant.
- Confectionnez la marmelade d'oranges : pelez les oranges à vif et prélevez les suprêmes. Faites chauffer 2 cuillerées à soupe d'huile d'olive dans une poêle, ajoutez les quartiers d'oranges. Cuisez 5 minutes. Ajoutez la vanille en poudre. Retirez du feu puis égouttez en veillant à garder le jus.
- Coupez chaque dos de cabillaud en deux. Prélevez le zeste de l'orange puis pressez-la.
- Mettez les amandes et les pistaches dans le bol d'un blender ou dans un hachoir. Mixez grossièrement sans réduire en poudre. Ajoutez la chapelure, le zeste d'orange, salez, poivrez, puis mixez à nouveau. Liez le mélange à l'aide de la moitié du jus d'orange et de l'huile d'olive. Vous devez obtenir une pâte assez épaisse. Ajoutez de l'huile si besoin.
- Épongez les dos de cabillaud. Salez-les, puis étalez la croûte d'amandes et de pistaches sur un des côtés. Déposez une feuille de papier cuisson dans un plat allant au four. Disposez les pavés de poisson puis enfournez 12 minutes jusqu'à ce que la croûte soit bien dorée. Passez 2 minutes sous le gril du four si nécessaire.
- Pour le dressage, déposez un emporte-pièce de forme rectangulaire dans une assiette. Mettez-y un fond de marmelade d'oranges puis de compotée de fenouil. Pressez légèrement puis retirez l'emporte-pièce. Versez un trait du jus d'orange récupéré lors de la cuisson de la marmelade. Parsemez de fleur de sel. Déposez le dos de poisson à côté, parallèlement au fenouil, et arrosez d'un trait d'huile d'olive.

Et non, il n'y a pas que la choucroute en Alsace ! La gastronomie de cette région est très variée et savoureuse. Le baeckeoffe est par définition le plat des repas de famille du dimanche midi, et la version aux poissons est plus légère et féminine à mon goût.

baeckeoffe de poissons

POUR 8 PERSONNES

Préparation 1 heure
Cuisson 2h20

500 g de saumon
500 g de cabillaud
500 g de lotte
800 g de pommes de terre à chair ferme
800 g de poireaux
800 g de carottes
une dizaine de coques
25 g de beurre
4 cuill. à soupe de lait
1 l de crème fraîche
2 cuill. à soupe de Maïzena®
2 doses de safran
3 l de court-bouillon
1 bouquet garni
1 bouteille de riesling

- Préchauffez le four à 180 °C (th. 6)
- Épluchez, lavez et coupez les légumes en rondelles de 3 millimètres d'épaisseur.
- Faites chauffer le court-bouillon avec le bouquet garni et plongez-y les carottes et les poireaux. Après 10 minutes de cuisson, ajoutez les pommes de terre et poursuivez la cuisson 20 minutes.
- À l'aide d'une écumoire, sortez les légumes et mettez-les dans un plat ou un grand saladier, en prenant soin de ne pas trop les abîmer.
- Coupez les différents poissons en cubes de 5 centimètres. Plongez-les 5 minutes dans le court-bouillon bouillant. Puis retirez-les et réservez-les.
- Prélevez 2 litres de court-bouillon et filtrez-le au dessus d'une casserole. Versez le vin blanc, faites chauffez à feu vif et laissez réduire de moitié. Puis ajoutez la crème fraîche et le safran.
- Dans un petit bol, délayez la Maïzena® dans le lait. Puis versez-la dans la casserole contenant la sauce au riesling afin de la lier.
- Dans un plat en terre à baeckeoffe beurré, disposez une couche de légumes, puis une couche de poissons et recommencez l'opération jusqu'à épuisement des ingrédients en terminant par les légumes.
- Répartissez la sauce avec une louche sur l'ensemble du plat. Disposez les coques sur le dessus. Couvrez le plat et fermez le hermétiquement à l'aide de papier d'aluminium.
- Cuisez 1h30 minimum. Servez directement dans le plat.

Toujours mes origines provençales dans cette recette qui, traditionnellement, se prépare avec de la viande de taureau. Une sauce corsée et une viande fondante en font le succès.

daube à la provençale de ma famille

POUR 4 PERSONNES

Préparation 30 minutes
Cuisson 3h15

1 kg de gîte de bœuf ou de viande à braiser coupée en cubes de 4 cm de côté
150 g de lardons fumés allumettes
2 carottes
3 gousses d'ail hachées
2 oignons
1 bouquet garni
1 pointe de piment d'Espelette
1 clou de girofle
1 cuill. à soupe de fond brun ou fond de veau
1 cuill. à soupe de concentré de tomates
50 g de farine
1 bouteille de vin rouge (côtes-du-rhône)
1 filet d'huile d'olive
sel et poivre

● La veille, faites mariner la viande. Pour ce faire, lavez puis coupez les carottes en rondelles. Épluchez et coupez les oignons en huit. Dans un grand saladier, mettez les morceaux de viande, les carottes, le vin, le bouquet garni, les oignons, le clou de girofle, les gousses d'ail et poivrez. Ne salez pas la marinade, cela durcirait la viande.

● Le lendemain, égouttez et séchez la viande avec du papier absorbant. Filtrez la marinade et réservez-la.

● Dans une cocotte en fonte, faites chauffez un filet d'huile d'olive et faites-y revenir la viande en mélangeant pour dorer toutes les faces. Ajoutez ensuite les lardons, les rondelles de carottes et les oignons de la marinade. Saupoudrez de farine et laissez colorer quelques minutes.

● Dans un petit bol, délayez le fond de veau avec 1 louche de marinade. Versez le jus de la marinade ainsi que le fond de veau délayé dans la cocotte, salez et poivrez.

● Laissez mijoter environ 3 heures sur feu doux (plus la cuisson sera longue, plus la viande sera tendre). En fin de cuisson, ajoutez le concentré de tomates et le piment d'Espelette. Mélangez bien et rectifiez l'assaisonnement si nécessaire. Servez avec des pâtes fraîches ou de la polenta.

astuces

Vous pouvez également faire cuire cette daube au four pendant 3 heures, ou alors à l'autocuiseur si vous voulez aller plus vite. Dans ce cas, 1 h 30 de cuisson suffit pour obtenir une viande ultra fondante.

• Et comme dirait mon cousin Cyril *avé* l'accent : « Au plus ton vin est bon, au plus ta daube est bonne ! ».

1 Déposez 2 langoustines décortiquées sur 4 feuilles de pâte à ravioles.

2 Disposez une jolie feuille de menthe sur chaque raviole, salez et poivrez.

3 Badigeonnez d'eau les bords des carrés de pâte à l'aide d'un pinceau humide afin de pouvoir souder les ravioles.

raviolis de langoustines,
julienne de pomme verte et nids de courgettes

POUR 4 PERSONNES

Préparation 45 minutes
Cuisson 6 minutes

8 belles langoustines crues
4 courgettes
1 pomme granny smith
4 grosses feuilles de menthe
8 feuilles carrées de pâte à ravioles
1 cuill. à soupe d'huile de sésame
1 filet d'huile d'olive
sel et poivre

● Décortiquez les langoustines. Lavez la pomme sans l'éplucher. Taillez-la en julienne très fine. Lavez les courgettes et, sans les éplucher, taillez-les en spaghettis.

● Déposez 2 langoustines sur 4 feuilles de pâte à ravioles. Disposez une jolie feuille de menthe sur chaque raviole, salez et poivrez. Badigeonnez d'eau les bords des carrés de pâte à l'aide d'un pinceau afin de souder les ravioles. Déposez une autre feuille de pâte par-dessus puis soudez minutieusement les bords. Coupez à l'aide d'un couteau ou d'un emporte-pièce rond afin d'obtenir des raviolis réguliers.

● Dans une poêle, faites chauffez l'huile d'olive et faites-y revenir 3 minutes les spaghettis de courgettes. Salez, poivrez et ajoutez l'huile de sésame. Dans une grande casserole, portez un grand volume d'eau salée à frémissements. Plongez-y les ravioles et pochez-les 3 minutes. Égouttez-les.

● Dans des assiettes légèrement creuses, déposez un nid de spaghettis de courgettes, puis une raviole au-dessus. Disposez harmonieusement les bâtonnets de pommes vertes sur le ravioli.

astuce Vous trouverez de la pâte à ravioles au rayon frais des épiceries asiatiques. Très pratique, elle peut être utilisée avec de la viande ou du poisson et n'importe quelle herbe aromatique.

4 Déposez une autre feuille de pâte par-dessus puis soudez minutieusement les bords.

5 Coupez à l'aide d'un couteau ou d'un emporte-pièce rond afin d'obtenir des raviolis réguliers.

6 Plongez les ravioles dans un grand volume d'eau salée portée à frémissements et pochez-les 3 minutes.

J'adore les saint-jacques ! Même simplement revenues à la plancha avec du beurre persillé, c'est un régal. Cette recette plus raffinée est parfaite en entrée d'un repas aux chandelles.

saint-jacques au champagne, tombée de poireaux

POUR 4 PERSONNES

Préparation 40 minutes
Cuisson 35 minutes

20 noix de saint-jacques sans corail
5 brins de persil frais
3 échalotes
50 g de beurre
25 cl de crème fluide
37,5 cl de champagne
sel et poivre

POUR LA TOMBÉE DE POIREAUX

1 kg de poireaux
60 g de beurre
2 pincées de paprika
sel et poivre

● Épluchez et lavez les poireaux. Gardez essentiellement les blancs et émincez-les très finement. Dans une casserole, faites fondre 60 g de beurre et ajoutez les poireaux. Assaisonnez puis faites cuire à couvert à feu doux pendant 15 minutes. Ajoutez le paprika et mélangez.

● Lavez les noix de saint-jacques et séchez-les soigneusement. Épluchez et émincez finement les échalotes. Ciselez le persil.

● Dans une sauteuse, faites fondre 50 g de beurre et faites-y revenir les noix de saint-jacques 2 minutes de chaque côté, puis réservez-les dans une assiette. Dans la même sauteuse, faites revenir les échalotes sur feu doux jusqu'à ce qu'elles deviennent translucides. Versez le champagne et laissez réduire de moitié. Ajoutez ensuite la crème et poursuivez la cuisson une dizaine de minutes jusqu'à ce que la sauce épaississe. Salez et poivrez. Remettez les noix de saint-jacques dans la sauce afin de les réchauffer.

● Pour le dressage, disposez un lit de fondue de poireaux dans le fond de chaque assiette. Déposez dessus 5 noix de saint-jacques par personne, versez tout autour la sauce au champagne et saupoudrez de persil ciselé.

astuces

Vous pouvez remplacer le champagne par un vin sucré pétillant ; je vous recommande le cava, vin mousseux espagnol plus fruité que le champagne.

• Disposez sur votre plat quelques amandes effilées et torréfiées à la poêle ou au four.

Aujourd'hui,

c'est vacances.

Je fais plaisir

à mes petits anges !

Les brochettes que les enfants adorent lorsque les parents mangent des sushis au restaurant japonais.
Le fromage coulant que l'on mange avec les doigts... hummmm...

brochettes de fromage qui coule, yakitori bœuf-fromage

POUR 4 PERSONNES

Préparation 30 minutes
Réfrigération 1 heure
Cuisson 4 minutes

200 g de carpaccio de bœuf
200 g d'emmental

POUR LA MARINADE

1 cuill. à soupe de jus de citron vert
4 cuill. à soupe de sauce soja
1 cuill. à soupe de sucre roux
1 cuill. à café de miel liquide
2 cuill. à soupe de vinaigre de riz

- Faites tremper 16 piques à brochettes dans un petit plat rempli d'eau afin qu'elles ne brûlent pas à la cuisson.
- Coupez le fromage en cubes de 1 centimètre de côté. Enfilez 3 morceaux de fromage par pique en les espaçant de 5 millimètres. Enroulez ensuite chaque brochette avec 2 tranches de carpaccio, en prenant soin d'enfermer le fromage afin qu'il ne coule pas à la cuisson.
- Préparez la marinade : versez le vinaigre de riz dans un plat et ajoutez le sucre roux. Mélangez pour dissoudre le sucre. Ajoutez ensuite le miel, la sauce soja et le jus de citron vert.
- Trempez les brochettes dans la marinade et mettez au réfrigérateur pendant 1 heure.
- Si vous avez une plancha, faites griller les brochettes 2 minutes de chaque côté. Sinon, passez-les sous le gril du four le même temps, en les tournant à mi-cuisson.
- Servez les brochettes accompagnées de riz basmati et de sauce soja sucré.

Des petits cupcakes qui feront oublier aux enfants qu'ils mangent du saumon !

cupcakes salés au saumon fumé,

topping mascarpone et citron vert

POUR 15 CUPCAKES ENVIRON

Préparation 35 minutes
Cuisson 25 minutes

120 g de lamelles de saumon fumé
5 brins d'aneth
2 œufs
15 cl de lait
10 cl de crème liquide
150 g de farine
½ sachet de levure chimique
7 cl d'huile d'olive
sel et poivre

POUR LE TOPPING

1 citron vert
10 brins de ciboulette
250 g de mascarpone
½ cuill. à café de raifort
sel et poivre

1 petite boîte d'œufs de poissons volants (dans les épiceries asiatiques, les poissonneries, traiteurs et parfois en grandes surfaces)

● Préchauffez le four à 180 °C (th. 6) et chemisez le moule à cupcakes de caissettes en papier ou en silicone.

● Préparez la pâte à cupcakes salés : dans un saladier, fouettez les œufs avec le lait, l'huile et la crème. Ajoutez la farine et le ½ sachet de levure. Mélangez bien afin d'obtenir une pâte lisse. Salez et poivrez (attention au sel puisque le saumon fumé est lui-même salé). Mélangez à nouveau et incorporez délicatement le saumon fumé ainsi que l'aneth à la préparation.

● Répartissez la préparation dans les caissettes du moule à cupcakes jusqu'à 5 millimètres du bord. Enfournez et laissez cuire pendant environ 25 minutes. Vérifiez la cuisson en piquant les gâteaux avec la pointe d'un couteau ; elle doit ressortir sèche. Posez les cupcakes sur une grille pour qu'ils refroidissent.

● Préparez le topping mascarpone et citron vert : prélevez le zeste du citron vert et pressez le jus. Ciselez la ciboulette très finement. Dans un bol, mélangez le mascarpone, le raifort, le jus de citron vert et le zeste. Salez, poivrez, puis mettez la préparation dans une poche munie d'une douille cannelée.

● Déposez le topping sur les cupcakes et décorez-les de quelques œufs de poisson volant et de ciboulette ciselée.

astuces

Vous pouvez utiliser du saumon frais. Dans ce cas, salez un peu plus votre pâte.

• Si vous ne trouvez pas d'œufs de poissons volants (œufs parfumés au wasabi vraiment génlaux), utilisez des œufs de truites ou de lumps.

• Vous pouvez également remplacer le mascarpone par du St Môret ou du fromage Philadelphia.

Voilà le stratagème infaillible pour faire manger des légumes aux enfants sans qu'ils s'en aperçoivent ! Ma fille pensait qu'il s'agissait de chips. Lorsque je lui ai dit que c'était de la courgette, qu'elle déteste habituellement, elle a bien été obligée d'admettre que les légumes qui croustillent, c'est hyper bon !

tempura de légumes

POUR 4 PERSONNES

Préparation 30 minutes
Cuisson 5 minutes

1 courgette jaune
1 courgette verte
1 aubergine
8 fleurs de courgettes
2 carottes
quelques sommités de chou-fleur
25 g de farine
huile de friture
sel

POUR LA PÂTE À TEMPURA
1 œuf
15 cl d'eau gazeuse très froide
100 g de farine
50 g de Maïzena®
épice au choix (paprika, cumin en poudre, curry, piment d'Espelette)
sel

● Faites chauffer l'huile de friture à 180 °C.

● Préparez la pâte à tempura : dans un petit saladier, cassez l'œuf et versez l'eau très froide (n'hésitez pas à la mettre au congélateur quelques minutes au préalable). Fouettez. Ajoutez ensuite la farine tamisée et la Maïzena®, et mélangez grossièrement à la fourchette. La pâte ne doit pas être lisse et il doit subsister quelques grumeaux. Aromatisez la pâte avec l'épice de votre choix et salez-la.

● Retirez les pistils des fleurs de courgettes. Épluchez et lavez les courgettes et l'aubergine, et taillez-les en tranches de 3 millimètres d'épaisseur. Épluchez et lavez les carottes, et coupez-les en bâtonnets. Lavez les sommités de chou-fleur et séchez-les correctement.

● Essuyez parfaitement tous les légumes et saupoudrez-les très légèrement de farine. Plongez-les dans la pâte à tempura, puis dans le bain de friture. Retirez les beignets dès qu'ils ont une belle couleur dorée et déposez-les sur du papier absorbant. Salez immédiatement.

● Vous pouvez les servir avec une vinaigrette corsée en ail et échalotes, avec de la mayonnaise, du ketchup, etc.

astuces

Si vous préférez les légumes moins croquants, faites-les blanchir quelques minutes dans de l'eau bouillante salée, puis plongez-les dans un saladier rempli d'eau froide. Séchez-les bien avant de les plonger dans la pâte à tempura.

• Cette pâte est également idéale pour les tempuras de crevettes, de gambas, de saint-jacques, de poulet, de cuisses de grenouilles, de filets de cabillaud, de poisson pour friture, etc.

• Pour réaliser cette recette sans balance : utilisez 1 tasse (environ 200 ml) d'eau, 1 tasse de farine et 1 œuf ! Et voilà !

1 Faites tremper une galette de riz dans de l'eau tiède vinaigrée.

2 Égouttez-la et posez-la à plat, puis déposez dessus une grosse cuillerée de farce.

3 Rabattez le côté qui se trouve en bas.

nems rapides

POUR 6 PERSONNES

Préparation 45 minutes
Cuisson 5 minutes

POUR LA FARCE
500 g de reste de rôti de porc
2 carottes
2 gousses d'ail
1 oignon
1 bouquet de coriandre ciselée
2 œufs
150 g de vermicelles transparents
150 g de germes de soja
1 cuill. à soupe de nuoc-mâm
1 cuill. à café d'huile de sésame
sel et poivre

POUR LES NEMS
1 paquet de galettes de riz
1 cuill. à soupe de vinaigre
bain de friture d'huile d'arachide ou d'huile spéciale friture

feuilles de salade et de menthe pour accompagner

- Hachez finement la viande, l'oignon et les gousses d'ail. Égouttez et rincez les germes de soja. Épluchez, lavez puis râpez les carottes.
- Dans un saladier rempli d'eau, faites tremper les vermicelles jusqu'à ce qu'ils ramollissent puis égouttez-les et coupez-les grossièrement à l'aide d'une paire de ciseaux.
- Dans un grand saladier, versez la viande, l'oignon, les carottes râpées, l'ail, le soja, les œufs, l'huile de sésame, le nuoc-mâm et la coriandre. Mélangez bien, salez, poivrez, puis ajoutez les vermicelles égouttés.
- Confectionnez les nems : remplissez un grand plat d'eau tiède à laquelle vous ajouterez le vinaigre. Faites tremper une galette de riz dans ce plat jusqu'à ce qu'elle ramollisse. Égouttez-la puis déposez-la à plat devant vous sur un torchon propre. Déposez une grosse cuillerée de farce sur la galette puis rabattez le côté qui se trouve en bas, puis les côtés droit et gauche (comme une enveloppe). Ensuite, roulez le nem sur lui-même en serrant bien afin qu'il garde une jolie forme à la cuisson. Façonnez les autres nems jusqu'à épuisement de la farce.
- Faites chauffer un bain de friture jusqu'à 220 °C. Puis plongez-y délicatement les nems 5 par 5 (en fonction de la taille de votre friteuse). Laissez-les frire jusqu'à ce qu'ils prennent une belle couleur dorée. Égouttez-les sur du papier absorbant.
- Servez les nems avec des feuilles de salade et de menthe fraîche.

4 Rabattez le côté droit.

5 Rabattez le côté gauche.

6 Roulez le nem sur lui-même en serrant bien afin qu'il garde une jolie forme à la cuisson.

Les enfants aiment manger ce qu'ils préparent. Et cette recette en est l'exemple ! Elle est ludique et croquante.

poisson snacké aux corn flakes, purée de carottes à l'orange

POUR 4 PERSONNES

Préparation 20 minutes
Marinade 30 minutes
Cuisson 50 minutes

4 filets de poisson à chair ferme (type merlu ou cabillaud)
le jus de ½ citron
1 œuf
75 g de pétales de maïs (type corn flakes)
30 g de farine
2 cuill. à soupe de chapelure
3 cuill. à soupe d'huile d'olive
sel et poivre

POUR LA PURÉE DE CAROTTES
750 g de carottes
8 cl de jus d'orange
2 gousses d'ail
1 cube de bouillon de volaille
cumin en poudre
1 filet d'huile d'olive
sel et poivre

- Préchauffez le four à 200 °C (th. 6-7).
- Confectionnez la purée de carottes à l'orange : épluchez, lavez et taillez les carottes en gros cubes. Épluchez et hachez les gousses d'ail. Dans une grande casserole, faites chauffer un filet d'huile d'olive et faites-y suer les carottes avec l'ail. Saupoudrez de cumin. Laissez cuire quelques minutes en remuant constamment. Mouillez avec de l'eau à hauteur, ajoutez le cube de bouillon, salez et poivrez. Laissez cuire à frémissement pendant 45 minutes. Puis ajoutez le jus d'orange et mixez la purée.
- Versez les pétales de maïs dans un sac congélation, fermez-le et écrasez très grossièrement les corn flakes. Ouvrez le sachet, mettez-y la chapelure et déposez cette préparation dans une assiette creuse.
- Dans une autre assiette, cassez l'œuf et battez-le rapidement. Dans une dernière assiette, versez la farine.
- Coupez les filets de poisson en gros morceaux (vous pouvez aussi les garder entiers si vous le souhaitez). Mélangez l'huile d'olive et le citron et faites-y mariner les morceaux de poisson 30 minutes. Puis égouttez-les, salez et poivrez-les.
- Roulez les morceaux de poisson marinés dans la farine, puis dans l'œuf battu et enfin dans les corn flakes.
- Déposez le poisson ainsi pané sur une plaque allant au four recouverte d'une feuille siliconée et enfournez pour 15 minutes.

astuces

Vous pouvez faire frire vos nuggets dans un bain d'huile de friture plutôt que de les cuire au four.

- Vous pouvez également réduire les céréales totalement en poudre afin de réaliser une chapelure légèrement sucrée.
- Cette recette fonctionne aussi très bien avec la volaille, les crevettes, les langoustines, etc.

Avec cette technique de panure réalisée à l'aide de sachets en plastique, vos nuggets de poulet maison ne vous demanderont que très peu de temps de préparation. Et la sauce western sera très appréciée de nos petits cow-boys !

fondue bressane ultra rapide, sauce western

POUR 4 PERSONNES

Préparation 30 minutes
Cuisson 5 minutes

4 blancs de poulet
2 œufs
50 g de farine
50 g de chapelure
1 filet d'huile d'olive
1 noix de beurre

POUR LA SAUCE WESTERN
50 g de beurre
1 cuill. à soupe de sauce soja
1 cuill. à soupe de ketchup
3 gouttes de Tabasco®
1 cuill. à soupe de vinaigre de vin rouge

● Préparez la sauce Western. Faites un beurre noisette ; pour ce faire, déposez le beurre dans une poêle et faites-le fondre à feu moyen. Dès qu'il arrête de « chanter » et que de petites tâches brunes apparaissent au fond de la casserole, le beurre dégage une odeur de noisette. Stoppez alors le feu et filtrez le beurre dans une passette au fond de laquelle vous avez mis une feuille de papier absorbant. Lorsque le beurre noisette a refroidi, ajoutez le vinaigre de vin, la sauce soja, le ketchup et émulsionnez à l'aide d'un mixeur plongeant (ou dans un blender). Ajustez l'assaisonnement avec le Tabasco® et réservez.

● Préparez les nuggets de poulet : taillez le poulet en cubes de 3 centimètres. Dans un sac congélation, mettez le poulet et la farine. Fermez le sac et secouez énergiquement afin de bien répartir la farine. Ouvrez le sac et versez-y les œufs battus. Refermez et secouez à nouveau. Prenez enfin un autre sac congélation propre, versez-y le poulet en enlevant l'excès d'œuf et ajoutez la chapelure. Fermez le sac et secouez en prenant soin de bien répartir la chapelure sur la volaille.

● Faites chauffez un filet d'huile d'olive et une noix de beurre dans une grande poêle et faites-y revenir les nuggets de poulet en remuant régulièrement.

● Servez avec la sauce Western, de la moutarde, du ketchup, de la mayonnaise et accompagnez d'une salade de carottes râpées assaisonnées de jus de citron jaune.

Ce gâteau est formidable parce qu'il reste ultra moelleux ! Idéal donc de le préparer la veille de la petite fête d'anniversaire de vos enfants... ou du vôtre !

le fameux cake moelleux au chocolat

POUR 8 PERSONNES

Préparation 20 minutes
Cuisson 40 minutes

4 œufs
20 cl de crème liquide
80 g de beurre
+ un peu pour le moule
300 g de chocolat noir
150 g de farine
1 sachet de levure
100 g de sucre en poudre

- Préchauffez le four à 180 °C (th. 6).
- Cassez le chocolat en morceaux dans un saladier, ajoutez 2 cuillerées à soupe d'eau et faites-le fondre au four à micro-ondes (ou au bain-marie). Puis, ajoutez le beurre et mélangez jusqu'à ce qu'il soit entièrement fondu. Incorporez ensuite la crème et mélangez à nouveau.
- Dans un autre saladier, cassez les œufs et ajoutez le sucre, la farine et la levure. Mélangez bien jusqu'à obtenir un appareil homogène.
- Versez la préparation au chocolat sur le mélange œufs-farine et mélangez jusqu'à ce que la pâte soit lisse et brillante.
- Beurrez un moule à cake, versez-y la pâte et enfournez pour 40 minutes.

astuces

Je fais ce cake pour l'école de Jeanne lorsqu'elle fête son anniversaire. Dans ce cas, je fais un glaçage au chocolat en faisant fondre 100 g de chocolat noir et 20 g de beurre. Je laisse couler le glaçage sur le cake et je le décore de vermicelles de couleurs, de Smarties®, de petites perles roses, de cœurs de toutes les couleurs. Je le prépare la veille, je l'emballe dans du papier d'aluminium toute la nuit, et le lendemain il a gardé tout son moelleux !

J'adore la recette des cannelés de mon cousin. Ils sont croustillants et fondants à la fois. Servis à l'assiette, encore tièdes, avec une boule de glace à la vanille, c'est un pur délice.

cannelés de mon cousin cyril

POUR 12 GROS CANNELÉS

Préparation 15 minutes
Réfrigération 12 heures
Cuisson 1 h 15

2 œufs entiers
+ 2 jaunes
50 cl de lait entier
50 g de beurre
1 gousse de vanille
100 g de farine
200 g de sucre en poudre
3 cuill. à soupe de rhum
1 pincée de sel

- Dans une casserole, versez le lait, le beurre et la gousse de vanille fendue. Faites bouillir ce mélange en remuant de temps en temps.
- Dans un bol, battez les 2 œufs entiers et les 2 jaunes.
- Dans un saladier, mélangez la farine, la pincée de sel et le sucre en poudre. Versez par-dessus les œufs battus en une seule fois et mélangez bien. Versez ensuite dans ce saladier le lait bouillant. Mélangez doucement afin d'obtenir une pâte fluide. Laissez refroidir la préparation puis incorporez le rhum. Recouvrez de film alimentaire et réservez au réfrigérateur 12 heures minimum.
- Préchauffez le four à 250 °C (th. 8-9) avec la plaque sur laquelle les cannelés vont cuire.
- Remplissez de pâte les moules à cannelés, jusqu'à 5 millimètres du bord, et enfournez-les immédiatement. Laissez-les 5 minutes à 250 °C (th. 8-9) puis baissez le four à 180 °C (th. 6) et poursuivez la cuisson pendant 1 heure minimum.
- Démoulez les cannelés dès la sortie du four et laissez-les refroidir sur une grille.

astuce

Vous pouvez également préparer des cannelés salés. Par exemple, ceux à la carotte sont un bon moyen de faire manger des légumes aux enfants : faites chauffer 50 cl de jus de carotte avec 2 gousses d'ail écrasées et 50 g de beurre. Comme pour la recette sucrée, vous verserez ce liquide bouillant dans un saladier contenant 100 g de farine mélangée à 2 œufs entiers et 1 jaune. Salez et poivrez. Le temps de cuisson sera de 40 minutes au lieu de 1 heure.

1 Remplissez les caissettes de pâte jusqu'à 5 millimètres du bord, puis enfournez pour 20 minutes environ.

2 Lorsque les cupcakes ont refroidi, versez le topping dans une poche munie d'une douille cannelée et dressez le glaçage en dôme.

3 Décorez en laissant libre cours à votre imagination.

cupcakes tout chocolat

POUR 15 CUPCAKES ENVIRON

Préparation 1 heure
Réfrigération 15 minutes
Cuisson 30 minutes

3 œufs
30 g de crème épaisse ou liquide allégée
100 g de beurre mou
200 g de chocolat noir pâtissier
75 g de farine
1 sachet de levure chimique
120 g de sucre en poudre
1 pincée de sel

POUR LE TOPPING

250 g de chocolat noir pâtissier
50 g de beurre mou
125 g de mascarpone
75 g de sucre glace

POUR LA DÉCORATION

vermicelles de couleurs, billes de chocolat, coulis de caramel, petits cœurs roses et blanc, perles nacrées, personnages en pâte à sucre, etc.

● Préparez le topping au chocolat : cassez le chocolat en morceaux dans un saladier et faites-le fondre au bain-marie. Dans un saladier, fouettez au batteur électrique le beurre avec le sucre glace. Versez ensuite le chocolat fondu et mélangez. Ajoutez enfin le mascarpone et mélangez jusqu'à obtenir une préparation lisse et brillante. Couvrez le saladier de film alimentaire et réservez au réfrigérateur le temps de confectionner l'appareil à cupcakes.

● Préchauffez le four à 170 °C (th. 5-6). Chemisez un moule à cupcakes avec des caissettes en papier.

● Préparez la pâte à cupcakes : cassez le chocolat en morceaux dans un saladier et faites-le fondre au bain-marie. Fouettez ensemble le beurre ramolli et le sucre en poudre, à l'aide d'un batteur électrique. Ajoutez les œufs un par un, puis la farine, la levure chimique, le sel, le chocolat fondu et enfin la crème fraîche. Vous devez obtenir une pâte lisse et homogène.

● Remplissez les caissettes de pâte jusqu'à 5 millimètres du bord. Enfournez et laissez cuire 20 minutes environ.

● À la sortie du four, posez les cupcakes sur une grille pour qu'ils refroidissent.

● Lorsque vos gâteaux ont totalement refroidi, versez le topping dans une poche munie d'une douille cannelée et dressez le glaçage en dôme.

● Décorez les cupcakes en laissant libre cours à votre imagination.

Pour varier un peu des pommes au four que faisait ma mamie, j'en ai fait une version plus moderne et gourmande en y incorporant des oursons en guimauve au chocolat !

pommes au four à la guimauve

POUR 4 PERSONNES

Préparation 15 minutes
Cuisson 25 minutes

- 4 pommes golden
- 4 noisettes de beurre
- 8 oursons en guimauve au chocolat
- 4 petits-beurre ou biscuits secs
- 4 cuill. à café de sucre roux

- Préchauffez le four à 180 °C (th. 6).
- Lavez les pommes et conservez la peau. Creusez-les à l'aide d'un vide-pomme. Saupoudrez l'intérieur de chacune de 1 cuillerée de sucre roux et tournez-les sur elles-mêmes afin de bien répartir le sucre. Déposez à l'intérieur 1 noisette de beurre et un nounours à la guimauve.
- Tapissez le fond d'un petit plat à gratin de petits-beurre et posez les pommes dessus. Enfournez pour 15 minutes.
- Sortez le plat du four, glissez au centre de chaque pomme un second nounours et enfournez à nouveau, pour 10 minutes cette fois-ci.
- Attendez quelques minutes avant de déguster.

Trop bons

les desserts.

Et si

je les faisais tous ?!

Ma passion pour les macarons est sans limites !

Ils sont beaux, bons, colorés, gais, subtils, raffinés et infinis !

macarons citron-framboise

POUR 45 PETITS MACARONS Préparation 1h30 Réfrigération 12 heures Repos 1 heure Cuisson 25 minutes

1 barquette de framboises fraîches, 2 x 75 g de blancs d'œufs, 200 g d'amandes en poudre, 200 g de sucre en poudre, 200 g de sucre glace, colorant jaune

POUR LA GARNITURE AU CITRON

2 citrons non traités, 4 jaunes d'œufs, 120 g de beurre, 100 g de sucre en poudre

● Préparez la garniture au citron : râpez le zeste du citron et pressez le jus. Dans un saladier, fouettez les jaunes d'œufs avec le sucre, jusqu'à ce que le mélange blanchisse. Versez cette préparation dans une petite casserole et ajoutez le jus et le zeste de citron. Portez à ébullition en mélangeant sans cesse pour empêcher la préparation d'accrocher. Dès l'apparition de grosses bulles, baissez le feu et poursuivez la cuisson pendant 5 minutes. Hors du feu, ajoutez le beurre coupé en dés.

● Versez dans un récipient, couvrez d'un film alimentaire au contact et réservez à température ambiante pendant environ 1 heure.

● Préchauffez le four à 160 °C (th. 5-6).

● Préparez les coques de macarons : dans un saladier, mélangez les amandes en poudre et le sucre glace afin d'obtenir une préparation homogène. Tamisez cette préparation, puis incorporez 75 g de blancs d'œufs. Mélangez à la spatule. Vous devez obtenir une pâte assez épaisse.

● Montez 75 g de blancs d'œufs en neige très ferme à l'aide d'un robot.

● Dans une petite casserole, versez 5 cl d'eau et le sucre, et portez ce sirop à ébullition jusqu'à ce qu'il atteigne 118 °C. À ce moment-là, ajoutez le sirop sur les blancs montés en neige, tout en laissant tourner le robot à vitesse minimum (attention aux risques d'éclaboussure et de brûlure). Une fois tout le sirop incorporé, augmentez la vitesse de votre robot et laissez-le tourner jusqu'à ce que la préparation ait refroidi. Ajoutez ensuite le colorant et laissez tourner encore pour homogénéiser la couleur. C'est ce que l'on appelle la meringue à l'italienne.

● Incorporez une petite quantité de meringue dans le saladier contenant la pâte d'amandes et détendez la préparation. Ajoutez ensuite le reste de meringue en une fois. À l'aide d'une maryse ou d'une corne, incorporez la meringue en partant du centre du saladier vers les bords et en soulevant l'appareil. Faites ce geste jusqu'à obtenir une préparation bien lisse, brillante et qui fasse le ruban. Garnissez une poche à douille de cette pâte.

● Sur une plaque recouverte de papier sulfurisé, déposez des petits dômes de pâte en tenant la poche à la perpendiculaire de la plaque. Tapotez la plaque afin de faire remonter les éventuelles bulles d'air. Saupoudrez les coques de cacao à l'aide d'une passette. Laissez « croûter » les macarons une vingtaine de minutes à l'air. Puis enfournez pour 11 minutes.

● Assemblez les macarons : garnissez une poche à douille de ganache et formez des petits tas de garniture au citron sur la moitié des coques. Déposez une framboise au centre puis recouvrez d'une seconde coque.

● Mettez ces macarons dans une boîte hermétique et stockez-les au réfrigérateur au minimum 12 heures avant de les déguster.

Je suis une fan inconditionnelle de Carambar®. Je les adore depuis toujours ! Cette version chantilly est ultra fondante et excellente sur un café comme un cappuccino !

verrines de spéculoos, chantilly Carambar® et tuiles Carambar®

POUR 6 PERSONNES

Préparation 25 minutes
Réfrigération 2 heures
Cuisson 12 minutes

50 cl de crème fleurette
26 Carambar® caramel
18 biscuits spéculoos
50 g de sucre

- Préparez la chantilly Carambar® : portez la crème et le sucre à ébullition dans une petite casserole. Ajoutez 20 Carambar® et laissez fondre doucement, en remuant régulièrement. Mélangez bien. Laissez refroidir puis mettez cette préparation dans un siphon avec une cartouche de gaz. Secouez énergiquement et mettez au réfrigérateur 2 heures minimum.
- Préchauffez le four à 180 °C (th. 6).
- Préparez les tuiles Carambar® : Sur une plaque recouverte d'une feuille siliconée, déposez les 6 Carambar® restants en les espaçant suffisamment car ils vont s'étaler à la cuisson. Enfournez-les pour 2 minutes en surveillant. Les tuiles seront prêtes lorsque de grosses bulles se formeront à la surface. À ce moment-là, sortez-les du four et laissez-les refroidir.
- Écrasez les spéculoos grossièrement et répartissez-en 2 cuillerées au fond de chaque verrine.
- Au moment de servir, secouez le siphon et dressez un dôme de chantilly sur les biscuits. Décorez d'une tuile Carambar®.

1 À l'aide de la pointe d'un couteau, découpez un cercle de biscuit du même diamètre que votre saladier demi-sphérique.

2 Découpez le reste du biscuit en bandes de 1 centimètre de large.

3 Tapissez entièrement le saladier de bandes de biscuit en les serrant les unes contre les autres.

bombe au chocolat

POUR 6/8 PERSONNES Préparation 1 heure Réfrigération 12 heures Cuisson 10 minutes

POUR LE BISCUIT

4 jaunes d'œuf + 3 blancs, 20 g de beurre, 100 g de sucre, 50 g de farine, 50 g de fécule, 1 pincée de sel

POUR LE SIROP

10 cl de sirop de sucre de canne, 5 cl de kirsch

POUR LA MOUSSE AU CHOCOLAT

2 jaunes d'œufs + 3 blancs, 20 cl de crème liquide, 250 g de chocolat noir pâtissier, 1 pincée de sucre en poudre, 3 cuill. à soupe de sucre glace, 2 cuill. à soupe de cacao amer

- Préchauffez le four à 210 °C (th. 7). Tapissez une plaque rectangulaire de papier sulfurisé et beurrez-le.
- Préparez le biscuit : tamisez la farine et la fécule. Puis montez les 3 blancs d'œufs en neige avec une pincée de sel. Dans un saladier, fouettez les jaunes d'œufs et le sucre. Incorporez le mélange farine-fécule puis les blancs montés. Versez la pâte sur la plaque, lissez à l'aide d'une spatule, puis enfournez pour 10 minutes. Démoulez sur un torchon propre et laissez refroidir.
- Préparez la mousse au chocolat : faites fondre le chocolat au bain-marie. Retirez du feu puis incorporez les 2 jaunes d'œufs. Mélangez pour obtenir une préparation bien lisse. Laissez tiédir. Dans un autre saladier, fouettez la crème en chantilly avec le sucre glace. Battez les 3 blancs d'œufs en neige avec la pincée de sucre en poudre. Incorporez délicatement la chantilly au chocolat, puis les blancs montés en neige.
- Mélangez dans petit bol les ingrédients du sirop.
- Montez la bombe : choisissez un moule ou un saladier demi-sphérique de 20 centimètres de diamètre environ. À l'aide de la pointe d'un couteau, découpez un cercle de biscuit du même diamètre que votre saladier. Ce sera la base de la bombe. Découpez le reste du biscuit en bandes de 1 centimètre de large. Tapissez le moule de film alimentaire, puis de bandes de biscuit en les serrant les unes contre les autres. Puis, à l'aide d'un pinceau, imbibez-les de sirop au kirsch. Versez la préparation au chocolat dans le moule et déposez le socle également imbibé de sirop sur la mousse, en pressant légèrement. Couvrez d'une assiette. Placez 12 heures au frais. Pour servir, démoulez la bombe et saupoudrez de cacao amer.

4 À l'aide d'un pinceau, imbibez-les de sirop au kirsch.

5 Versez la préparation au chocolat dans le moule.

6 Déposez le cercle de biscuit également imbibé de sirop alcoolisé sur la mousse, en pressant légèrement et mettez au frais.

Les herbes aromatiques dans les desserts donnent du peps. Et cette version de panna cotta en est la preuve ! Ultra frais, coloré et original, ce dessert est parfait en été.

panna cotta au basilic et fraises mentholées

POUR 6 PERSONNES

Préparation 30 minutes
Réfrigération 1 heure
Cuisson 10 minutes

250 g de fraises
20 feuilles de menthe
20 feuilles de basilic
100 g de crème liquide entière
40 g de sucre en poudre
3 feuilles de gélatine

- Trempez la gélatine dans un petit bol d'eau froide afin de la faire ramollir.
- Dans une casserole, faites chauffer la crème et 20 g de sucre en poudre sans faire bouillir. Ajoutez le basilic ciselé. Laissez infuser une dizaine de minutes puis mixez et filtrez la crème parfumée.
- Ajoutez la gélatine ramollie à la préparation et réchauffez-la sur feu doux.
- Remplissez des verrines à mi-hauteur avec la préparation et laissez prendre au réfrigérateur pendant 1 heure minimum.
- Lavez, équeutez et tranchez les fraises. Mettez-les à mariner dans un saladier avec les 20 g de sucre en poudre restants et la menthe ciselée.
- Au moment de servir, dressez les fraises dans les verrines sur la panna cotta.

Voici LA recette du tiramisu. Je la tiens d'un ami italien. Très facile à retenir grâce à la règle des « 5 » : 5 œufs, 500 g de mascarpone, 5 cuillerées de sucre. Inratable et vraiment, mais alors vraiment excellente ! *Semplice e perfetto* !

le vrai tiramisu de mon ami italien

POUR 8 PERSONNES

Préparation 30 minutes
Réfrigération 6 heures

5 œufs
500 g de mascarpone
40 biscuits à la cuillère
5 cuill. à soupe de sucre en poudre
25 cl de café fort
2 cuill. à soupe de marsala
2 cuill. à soupe de cacao amer

- Dans un grand saladier, fouettez les jaunes d'œufs avec le sucre à l'aide d'un batteur électrique, jusqu'à ce que le mélange blanchisse et double de volume. Ajoutez alors le mascarpone sans trop mélanger.
- Dans un autre saladier, montez les blancs d'œufs en neige ferme et incorporez-les délicatement au mélange précédent à l'aide d'une maryse.
- Dans une assiette creuse, versez le café refroidi et le marsala.
- Dans un plat à gratin, déposez les biscuits à la cuillère préalablement trempés dans le café au marsala. Recouvrez-les de la préparation au mascarpone puis recommencez l'opération avec les biscuits et terminez par une couche de crème au mascarpone.
- Couvrez d'un film alimentaire et réservez au réfrigérateur au minimum 6 heures.
- Au moment de servir, saupoudrez de cacao amer

La tarte aux quetsches est ma tarte préférée. Elle incarne toute mon enfance avec la cueillette dans le jardin de mes grands-parents et la préparation de la pâte avec ma mamie. J'y ai apporté ma touche personnelle avec le crumble à la cannelle.

tarte aux quetsches, crumble à la cannelle

POUR 6 PERSONNES

Préparation 30 minutes
Cuisson 45 minutes

POUR LA TARTE
800 g de quetsches
1 rouleau de pâte sablée
50 g de semoule de blé très fine
50 g de sucre en poudre

POUR LE CRUMBLE
100 g de beurre mou
100 g de farine
100 g de sucre en poudre
50 g d'amandes en poudre
1 cuill. à café de cannelle en poudre

- Préchauffez le four à 200 °C (th. 6-7).
- Préparez la pâte à crumble : dans un saladier, mélangez la farine, le sucre en poudre, les amandes en poudre et la cannelle. Ajoutez ensuite le beurre ramolli. Mélangez du bout des doigts pour obtenir une consistance sableuse. Réservez au réfrigérateur.
- Lavez, dénoyautez et coupez les quetsches en deux.
- Étalez la pâte brisée dans un moule à tarte de 30 centimètres de diamètre et saupoudrez de semoule fine. Disposez les quetsches harmonieusement sur la pâte, saupoudrez de sucre en poudre puis répartissez la pâte à crumble sur les fruits. Enfournez pour 45 minutes.
- Laissez la tarte refroidir avant de la démouler. Vous pouvez également la déguster tiède, accompagnée de crème Chantilly ou d'une boule de glace à la vanille.

astuces

La semoule permet d'absorber le jus que vont rendre les fruits. Vous pouvez également mettre des biscuits secs émiettés.

- Cette recette peut être réalisée avec des mirabelles à la place des quetsches.

1 Pelez les poires entières en gardant leur queue.

2 Évidez-les par le bas avec une cuillère parisienne et plongez-les dans le sirop.

3 Une fois qu'elles ont refroidi, farcissez les poires de perles du Japon à l'aide d'une poche à douille.

poires pochées au thé earl grey

POUR 4 PERSONNES Préparation 1 heure Réfrigération 30 minutes Cuisson 1 h 15

4 poires mûres et fermes, 300 g de sucre en poudre, 2 cuill. à soupe de thé earl grey, 1 gousse de vanille, 1 bâton de cannelle, 1 étoile de badiane, 5 graines de cardamome

POUR LES CŒURS AUX PERLES DU JAPON

40 cl de lait, 45 g de perles du Japon (ou tapioca), 1 gousse de vanille, 25 g de sucre en poudre

POUR LES TUILES À LA POIRE

40 g de jus de poire, 45 g de beurre fondu, 50 g de sucre en poudre, 25 g de farine

● Dans une grande casserole, mettez le sucre et 1 litre d'eau. Portez à frémissement sur feu doux environ 15 minutes, jusqu'à obtention d'une consistance sirupeuse. Ajoutez le thé (dans une boule à thé), les épices et la gousse de vanille fendue en deux dans le sens de la longueur. Laissez infuser le thé quelques minutes puis retirez la boule à thé. Laissez réduire en conservant les épices.

● Pelez les poires entières en gardant la queue. Évidez-les par le bas avec une cuillère parisienne et plongez-les dans le sirop. Laissez frémir 20 à 30 minutes, jusqu'à ce que les poires soient bien translucides. Retirez la casserole du feu et laissez les poires refroidir dans le sirop. Lorsqu'elles sont froides, mettez-les à égoutter sur une grille et conservez le sirop.

● Préparez les cœurs aux perles : dans une casserole, portez à ébullition le lait et la vanille. Puis baissez le feu et ajoutez les perles du Japon et le sucre en pluie. Laissez cuire environ 40 minutes en remuant fréquemment. Ajoutez de l'eau si besoin et laissez refroidir.

● Préchauffez le four à 170 °C (th. 5-6). Préparez les tuiles à la poire : dans un saladier, mélangez le jus de poire avec le sucre pour bien le faire fondre. Ajoutez le beurre fondu et la farine tamisée. Réservez l'appareil au réfrigérateur pendant 30 minutes. Puis dressez des petits tas sur une plaque recouverte de papier sulfurisé et étalez-les à l'aide du dos d'une cuillère. Enfournez pour 8 à 10 minutes.

● Pour le dressage : mettez les perles du Japon refroidies dans une poche à douille et farcissez les poires. Répartissez les poires dans 4 petites assiettes. Faites une petite incision au sommet de chacune et glissez-y une tuile. Versez tout autour le sirop de poires et servez.

La menthe apporte une petite touche de fraîcheur à ce macaron gourmand qui fait partie de mes parfums de prédilection.

macarons menthe-chocolat

POUR 45 PETITS MACARONS Préparation 1 h 30 Réfrigération 12 heures Repos 1 heure Cuisson 25 minutes

2 x 75 g de blancs d'œufs, 200 g d'amandes en poudre, 200 g de sucre en poudre, 200 g de sucre glace, 2 cuill. à soupe de cacao amer, quelques gouttes de colorant vert

POUR LA GANACHE

1 bouquet de menthe ciselée, 20 cl de crème fleurette, 40 g de beurre, 200 g de chocolat noir, 1 cuill. à soupe de miel liquide, 1 cl d'alcool de menthe (Get 27)

● Préparez la ganache : dans une petite casserole, portez la crème et le miel à ébullition. Ajoutez la menthe ciselée et laissez infuser 5 minutes. Râpez le chocolat dans un saladier (ou utilisez du chocolat en pastilles). Portez à nouveau la crème à ébullition et filtrez-la. Versez le tiers de la crème sur le chocolat et mélangez à la maryse en faisant des petits cercles au centre du saladier. Ajoutez le reste de crème et recommencez à mélanger afin d'obtenir une préparation lisse et brillante. Incorporez le beurre coupé en petits dés et mélangez pour le faire fondre. Ajoutez ensuite l'alcool de menthe.

● Couvrez d'un film alimentaire au contact de la préparation et réservez à température ambiante pendant environ 1 heure.

● Préchauffez le four à 160 °C (th. 5-6). Préparez les coques de macarons : dans un saladier, mélangez les amandes en poudre et le sucre glace afin d'obtenir une préparation homogène. Tamisez cette préparation, puis incorporez 75 g de blancs d'œufs. Mélangez à la spatule. Vous devez obtenir une pâte assez épaisse.

● Montez 75 g de blancs d'œufs en neige très ferme à l'aide d'un robot.

● Dans une petite casserole, versez 5 cl d'eau et le sucre, et portez ce sirop à ébullition jusqu'à ce qu'il atteigne 118 °C. À ce moment-là, ajoutez le sirop sur les blancs montés en neige, tout en laissant tourner le robot à vitesse minimum (attention aux risques d'éclaboussure et de brûlure). Une fois tout le sirop incorporé, augmentez la vitesse de votre robot et laissez-le tourner jusqu'à ce que votre préparation ait refroidi. Ajoutez ensuite le colorant et laissez tourner encore pour homogénéiser la couleur. C'est ce que l'on appelle la meringue à l'italienne.

● Incorporez une petite quantité de meringue dans le saladier contenant la pâte d'amandes et détendez la préparation. Ajoutez ensuite le reste de meringue en une fois. À l'aide d'une maryse ou d'une corne, incorporez la meringue en partant du centre du saladier vers les bords et en soulevant l'appareil. Faites ce geste jusqu'à obtenir une préparation bien lisse, brillante et qui fasse le ruban. Garnissez une poche à douille de cette pâte.

● Sur une plaque recouverte de papier sulfurisé, déposez des petits dômes de pâte en tenant la poche à la perpendiculaire de la plaque. Tapotez la plaque afin de faire remonter les éventuelles bulles d'air. Saupoudrez les coques de cacao à l'aide d'une passette. Laissez « croûter » les macarons une vingtaine de minutes à l'air. Puis enfournez pour 11 minutes.

● Assemblez les macarons : garnissez une poche à douille de ganache et formez des petits tas sur la moitié des coques. Recouvrez d'une seconde coque.

● Mettez ces macarons dans une boîte hermétique et stockez-les au réfrigérateur au minimum 12 heures avant de les déguster.

Le caramel au beurre salé est une pure merveille ! J'y suis accro ! J'en mets dans beaucoup de desserts, comme la tarte aux poires par exemple.

verrines de caramel au beurre salé, truffon chocolat noir

POUR 6 VERRINES

Préparation 30 minutes
Réfrigération 20 minutes
Cuisson 20 minutes

POUR LE CARAMEL AU BEURRE SALÉ

- 60 g de crème liquide
- 100 g de beurre demi-sel
- 140 g de sucre en poudre

POUR LE TRUFFON

- 40 cl de crème fleurette
- 60 g de beurre
- 200 g de chocolat noir à 64 % de cacao

- Préparez le caramel au beurre salé : dans une casserole à fond épais, versez un tiers du sucre en poudre et laissez-le fondre sans le toucher. Lorsqu'il est fondu, ajoutez un deuxième tiers, attendez qu'il fonde à nouveau puis ajoutez le reste du sucre. Quand il a pris une belle couleur dorée, ajoutez la crème en filet (attention aux risques de brûlure). Stoppez le feu puis incorporez le beurre coupé en dés. Mixez si besoin.
- Versez ce caramel au fond de chaque verrine. Couvrez d'un film alimentaire et réservez au réfrigérateur le temps de préparer le truffon au chocolat.
- Préparez le truffon au chocolat : dans une casserole, portez la crème à ébullition. Ajoutez le chocolat noir et laissez-le fondre. Hors du feu, ajoutez le beurre coupé en petits dés. Mélangez bien à l'aide d'une maryse afin d'obtenir une ganache bien brillante. Versez dans un saladier, Couvrez d'un film alimentaire au contact de la préparation et laissez refroidir.
- Lorsque le chocolat a refroidi, versez-le dans les verrines sur le caramel au beurre salé. Couvrez d'un film alimentaire et mettez au réfrigérateur 20 minutes.

astuce Vous pouvez décorer cette verrine d'un peu de chantilly, de billes en chocolat, de pralin, etc.

Dans cette recette, l'acidité des framboises contraste avec la douceur du chocolat blanc. Vous pouvez les réaliser avec des framboises surgelées.

muffins aux framboises et chocolat blanc

POUR 10/12 MUFFINS

Préparation 25 minutes
Cuisson 20 minutes

200 g de framboises
2 œufs
12,5 cl de lait
un peu de beurre pour les moules
200 g de chocolat blanc
230 g de farine
1 sachet de levure chimique
120 g de sucre
8 cl d'huile d'arachide
1 pincée de sel

- Préchauffez le four à 180 °C (th. 6).
- Concassez le chocolat blanc en petits morceaux.
- Dans un saladier, tamisez la farine, le sucre, la levure et le sel. Dans un autre récipient, battez les œufs avec l'huile et le lait.
- Mélangez les deux préparations puis ajoutez le chocolat blanc et les framboises sans trop travailler la pâte.
- Remplissez 10 ou 12 moules à muffins beurrés, puis enfournez pour 20 minutes environ.

mes bonnes adresses

Épiceries & marchés

Le Marché couvert
Place Jean-Paul II
57000 Metz

Spagna (épicerie italienne)
29, rue des Tonneliers
67000 Strasbourg

Vom Fass
10, rue des Tonneliers
67000 Strasbourg

Grand Frais
Zone d'activité Ouest
67640 Fegersheim

G Detou
58, rue Tiquetonne
75002 Paris

La Grande Épicerie
38, rue de Sèvres
75007 Paris

Distillerie Manguin
784, chemin des Poiriers
84000 Avignon

Fromagerie du Comtat
23, place Maurice-Charretier
84200 Carpentras

Le Marché agricole des producteurs
84740 Velleron

Ustensiles de cuisine

Culinarion
25, cours Sainte-Anne
68000 Colmar
www.culinarion.com

Life is a Game (vestes de cuisine)
39, rue du Jeu-des-Enfants
67000 Strasbourg
www.life-is-a-game.fr

RAK Porcelaine
La Porcelaine des Chefs
20, rue de l'Industrie
L-8399 Windhof
Grand-duché de Luxembourg
www.rakporcelain.eu

Sites Internet

www.alicedelice.com
www.beka-cookware.com
www.meilleurduchef.com
www.mora.fr

Restaurants & salons de thé

Braisenville
36, rue Condorcet
75009 Paris

Chez Moi
22, place des Charrons
57000 Metz

Crêperie Breizh Café
109, rue Vieille-du-Temple
75003 Paris

L'Arnsbourg
18, Untermuhlthal
57230 Baerenthal

Le Chambard
13, rue du Général-de-Gaulle
68240 Kayserberg

L'escale aux quais
2, quai Finckwiller
67000 Strasbourg

Salon de thé Grand Rue
80, Grand Rue
67000 Strasbourg

www.laduree.fr
www.pierreherme.com

index des recettes

Remerciements

Chae Rin VINCENT remercie les marques suivantes, qui ont mis à sa disposition le matériel nécessaire à la réalisation de ce livre.

Ressource, www.ressource-peintures.com
Römertopf, www.roemertopf.de/france
Rak Porcelaine, www.rakporcelain.com
Serax, www.serax.com
Staub, www.staub.fr

Direction éditoriale : Corinne Cesano

Édition : Delphine Depras

Création graphique & réalisation, couverture & intérieur : Guylaine Moi

Fabrication : Laurence Ledru-Duboscq

Photogravure : APS/Chromostyle

Photos p. 6 : © Charles Dolfi-Michels / Shine / Starface
Photos p.10 en bas et p.11: © Élisabeth Biscarrat

© 2012 Éditions Solar
Tous droits de traduction, d'adaptation et de reproduction par tous procédés, réservés pour tous pays.

SHINE 360

© 2012 SHINE France
MasterChef est une marque déposée de Shine Limited.
Tous droits réservés.
Émission produite et licence détenue par Shine France.
Format créé par Franc Roddam et Shine TV.
En association avec Ziji Productions

ISBN : 978-2-263-05384-9
N° éditeur : S05384
Dépôt légal : août 2012
Imprimé en France par Loire Offset

Retrouvez-nous sur www.solar.fr

Solar | un département **place des éditeurs**

place des éditeurs